青春期孩子 ≠ "大码" 儿童

青春期父母
预备手册

[美] 盖瑞·查普曼◎著　　找到啦◎译

上海文化出版社
SHANGHAI CULTURE PUBLISHING HOUSE

图书在版编目（CIP）数据

青春期父母预备手册 /（美）盖瑞·查普曼著；找到啦译. -- 上海：上海文化出版社，2024. 9. -- ISBN 978-7-5535-3070-3

Ⅰ . G782

中国国家版本馆CIP数据核字第20244DS089号

著作权合同登记号　图字：09-2024-0364

出 版 人　姜逸青
责任编辑　汤正宇
装帧设计　介　桑

书　　名　青春期父母预备手册
作　　者　[美]盖瑞·查普曼
译　　者　找到啦
出　　版　上海世纪出版集团　上海文化出版社
地　　址　上海市闵行区号景路159弄A座3楼　201101
发　　行　上海文艺出版社发行中心
　　　　　上海市闵行区号景路159弄A座2楼206室　201101
印　　刷　环球东方（北京）印务有限公司
开　　本　880×1230　　1/32
印　　张　5
版　　次　2024年10月第1版 2024年10月第1次印刷
书　　号　ISBN 978-7-5535-3070-3/G. 499
定　　价　49.80元

如发现本书有质量问题，影响阅读，请联系010-84831626。

目录

题献

感谢我的妻子卡洛琳·查普曼
她和我一起走过了抚养两个孩子的旅程

引 言

没有人告诉我，当孩子们变成青少年时，他们的大脑会发生什么变化。我没有为这个现实做好准备。我原以为13岁到20岁之间的7年只是童年时期观察到的缓慢、可预测的成长模式的延续。我还没有为生活大爆炸、情绪波动和不可预测的行为做好准备。

如果你读过我较早的书《如果婚前我知道》，你就会知道卡洛琳和我有两个孩子，他们年龄相差四岁。他们度过青少年阶段的方式非常不同，这使我得出了一个基本的观察结果——没有一种模式可以适用于所有青少年。不过，在青少年时期发生的身体、情绪和神经学的变化仍有很多共通之处。

每个人都同意，青少年时期对从童年过渡到青年时期的过渡极为重要。在这些形成期做出的决定将极大地影响个人的余生。相信我们都已敏锐地察觉到，一些青少年选择了破坏性的生活方式，以至于损害了他们的认知和身体能力，这有时会导致他们英年早逝。这是现代西方文化的一大悲剧。

我认为大多数人也都会同意父母在青少年的生活中起着关键作用。缺席或虐待狂式的父母会对青少年的行为产生深远的负面影响。与此同时，紧密彼此依赖并真诚努力的父母在教导他们的青少年时，也会在他们身上产生深远的积极影响。

请不要认为只要父母做了该做的事情，孩子就会自动成为一个负责任的成年人。我们见过很多在充满爱和支持的家庭中长大的青少年做出了错误的决定后所导致的毁灭性的后果。多年来，许多这样的父母走进我的咨询办公室，最常见的反应是："我们做错了什么？"他们以为只要教养得当，孩子就不会做出错误的决定。然而现实情况是，青少年也是人，人可以自由做决定，而其中一些决定会带来很多痛苦。接受这个现实并不能消除痛苦，但确实会让我们超越目前的沮丧，提出更具建设性的问题："我们可以做些什么来改善现状？"只要孩子还活着，就总有挽回的希望。

承认人类有自由意志并不会让父母的角色在青少年问题上显得不重要。事实上，父母能帮助他们以积极的方式处理生活的方方面面。我写这本书的目的是想帮助父母更好地了解孩子在青少年时期的动态，从而成为更高效的父母。尽管青少年一些特定的行为或表达方式发生了改变，但背后的动力并没有改变。我完全了解我的许多读者可能是单亲妈妈，如果你有一个十几岁的儿子或女儿，而他们的父亲并未参与他们的生活的话，我会鼓励你寻找那些在你孩子的生活中发挥重要作用的、可信赖的成年人。这个人可能是你们的亲属，或某个朋友。年轻人有机会向更有智慧的成年人寻求帮助是值得高兴的事情。

除了我们自己的育儿经验外，我还借鉴了过去四十年中坐在我的咨询室中许多夫妇的经验。他们分享了他们在抚养青少年时的挫折感，有时甚至是深深的痛苦。值得指出的是，虽然现在的青少年跟过去几十年已经很不一样了，但基本的问题、渴望和挣扎并没有改变。青少年仍然寻求独立。他们试图在世界上找到自己的位置。他们有时无法做出最好的决定。他们仍然需要你，尽管有时看上去并非如此。

我将在本书中分享12件我希望父母们在孩子进入青春期之前就知道的事情。阅读本书的理想时间是在你的孩子11岁或12岁时。准备得越充分，你就越有可能对孩子进入青春期时发生的变化做出积极回应。如果你的孩子已经是青少年，我想你会觉得有必要阅读这本书，我希望你会发现它有助于你在孩子青春期阶段驾驭充满波动起伏的生活。

第一章

青少年的大脑正在"重塑"

Things I Wish I'd Know
Before My Child
Became a Teenager

位母亲说："为什么我十几岁的儿子质疑我说的每一句话？他的脑子里好像发生了什么事。他以前从来没有这样过。他好像变了一个人。"这位母亲不知不觉地回答了她自己的问题："他的脑子里好像发生了什么事。"确实如此。青少年的大脑正在经历一个重塑的过程。不要指望你的孩子一直只是个孩子。青春期就是变化的代名词。我们知道他们的身体在变化，因为我们可以观察到他们长高了。我们知道他们正在发生性变化，因为阴毛正在形成。如果你家的小少女还没来月经的话，不久就会来了；而你家的小少年很快就会开始刮胡子。然而，由于我们无法观察大脑，我们并不总能意识到大脑的变化正让青少年的心理发生着变化。研究表明，青春期是神经系统发生根本性变化的时期，其中之一是他们正在发展逻辑思考的能力。

请注意，我说的是"发展"逻辑思考的能力。这不是一夜之间发生的。青春期是童年和成年之间的一个通道。在发展的早期阶段，青少年可能会回到童年行为并接受你所说的一切，然而两天后他们可能会质疑你所说的一切。因为青少年的大脑是易受影响的，也就是说，受环境的影响很大，所以父母的角色在青少年时期变得极其重要。这不是与他们划清界限的时候，而是在他们发展逻辑思维的同时，与他们一起经历大脑不断更新的时候。

青少年大脑的另一个显著变化是与大脑的情感中心有关的。青少年的情绪高潮极高，情绪低谷极低。这是因为大脑的情绪控制中枢也在进行改造。你的孩子可能在早上非常高兴，而在同一天的晚上却非常悲伤。这完全取决于他们白天遇到的事情。请记住，青少年的大脑受到他们所处环境的巨大影响。

作为父母，你是青少年所处环境的一部分。你对他们情绪状态和智力问题的反应方式，将决定你对他们正在发育的大脑产生积极还是消极的影响。所有这些变化在青少年时期都属于意料之中。我希望我在孩子进入青春期之前就能知道这一切。在本章和接下来的每一章中，我想分享一些从我自己的经历中学到的东西，以及我从多年来找我咨询的父母那里获得的一些思考。

保持参与

我的第一个建议是保持参与。所有研究都表明，如果父母与青少年保持积极互动，他们将比同龄人对他们产生更大的影响。在我繁忙的日程安排的早期，我倾向于用快速回应并且不考虑他们想法的方式。如果他们质疑我认为我们都已达成共识的事情，我就会回答："你之前所认同的比现在的更好。"这不是一个正面的回应。我是在限制他们的质疑。他们听了之后会走开，而我错过了帮助他们发展理性和逻辑思维的机会。保持参与，但参与必须是积极的。

积极参与始于倾听你的孩子提出的问题。作为父母，我们都很忙，但没有什么比我们的孩子提问更重要的了。如果你碰巧卷入了一些你无法立即停止的事情，那就可以回答他们："这是一个很好的问题。等我手头的事情做完，请十分钟后再问我好吗？因为我想全神贯注于你的问题。"青少年会接受这种轻微的延迟，因为他们知道你对他们的问题感兴趣。

不要假设你的孩子问的第一个问题就是他们真正想问的问题。如果他们先问你说："为什么我不能去参加派对？"他们很可能会接着问："你考虑清楚了吗，还是你只是随意做出决定？"他们想知道导致你得出这个结论的原因。他们可能对你的理由不满意，但他们想知道这是一个深思熟虑的决定。在此我要郑重声明，"因为是我说的"之类的话并不是一个经过深思熟虑后的回应。

不要指望你的孩子总会同意你给出的理由。请记住，他们是从他们有限的角度看世界。然而你仍然是父母，仍对孩子有权柄。你比他们年长，但愿也更聪明。不要让孩子的行为导致你做出日后会后悔的决定。如果你因为想避免歇斯底里的行为而"屈服"于青少年的要求，他们就会有机可趁，你就会给他们树立先例。青少年会认为，只要他们足够讨厌，他们就会如愿以偿。这不是一种对他们成年后有益处的行为模式。

有效的倾听意味着当孩子提问时，你会全神贯注。关掉电视；把你的工作放在一边；放下手机；看着他们的眼睛，默默地告诉他们，此刻他们就是你生命中最重要的人。一旦他们提出问题，你可以点头以确认他们的问题。"好问题。是什么让你想到了这个？"在那句话中，你肯定了他们提问的自由，并且你还想要更深入地了解导致他们提出问题的原因。这对于了解你该如何回应很重要。

探索现实生活中的问题

例如，大多数家长较为关注的领域之一是学校中酒精和药物的使用问题。研究表明，大多数成年酗酒者和吸毒者在青少年时期就开始饮酒。我们不希望我们的青少年走那条路。但是，当他们的同龄人鼓励他们喝酒或吸食大麻时，我们该如何帮助我们的青少年得出同样的结论呢？类似于"如果我发现你喝酒或吸食大麻，你将在接下来的三年内失去所有特权"这样的话，不太可能让你的孩子远离毒品和酒精。然而，利用你自己的经验、研究和对现实生活的接触可能会帮助你的孩子对药物和酒精做出合理的决定。也许你就有一个酗酒的亲戚，可以对你的孩子诚实地说说他的故事。

所谓现实生活的经验，就是让你的孩子了解青少年在酗酒和吸毒时会发生什么。我和儿子一起做的最好的事情之一就是我会抽每个月的一个星期六带他去少管所，和被关押的年轻人一起打乒乓球。玩完之后，我们会和一些年轻人聊天，他们会告诉我儿子他们的故事。我不必说一句话。他们已经替我大声宣扬吸毒和酗酒的后果了。在开车回家的路上，我会对我儿子说："这真的令人很难过，不是吗？其中一些人和你同龄。他们这么早就做出如此糟糕的决定，真是令人难过。"他会欣然同意，有时还会发表自己的评论，例如，"我希望我不会让任何人说服我去这样做。"有时我会给他看一则有关某青少年在毒品或酒精作用下死于车祸的新闻。我会说："德里克，你可能会对这篇文章感兴趣。这则新闻非常可悲，但它会告诉你在毒品和酒精的作用下开车的年轻人会发生什么。"

如果你是一位酗酒和吸毒的父母，并且你现在正在处理你的毒瘾，你可以考虑把你十几岁的儿子带到你的戒酒匿名会①（AA），让他听听其他男人的故事，也让他看到你自己的一些挣扎。他不需重复你上瘾的模式。事实上，他对你所经历的挣扎了解得越多，他就越有可能做出是否要使用酒精的明智

_____

① 戒酒匿名会，又名"嗜酒者互戒协会"，原文为 Alcoholics Anonymous，简称AA。

决定。一位年轻的成年人对我说："我十几岁时决定不喝酒或不吸毒的原因是因为我父亲是个酒鬼。在我12岁那年，他酒后驾车出了车祸，另一辆车里一个年轻的妈妈被撞死了。之后，他参加了AA，并得以在余生中保持清醒。但他始终无法摆脱这样的记忆，即他的酗酒导致两个年幼的孩子在没有母亲的情况下长大。他一生都在与抑郁症作斗争。我知道那不是我想走的路。"

总而言之，我是说你可以期待你的青少年就几乎任何话题提出"为什么"的问题。他们甚至可能给人留下非常好争论的印象，但你不必模仿他们的行为。你可以认真对待他们的问题，并考虑周到地回答。当你这样做时，就是在帮助他们发展理性和逻辑思维。你正以积极的方式与在他们大脑中发生的神经系统变化相配合。

想想看

1. 反思自己的青少年时期。当你不同意你的父母时，他们是如何回应的？他们的回答是有益的还是有害的？

2. 在对青少年的回应上，你希望在哪些方面不同于你的父母？

3. 你想在哪些方面效仿你父母对你发展逻辑思维能力的反应模式？

4. 如果你已经有十几岁的孩子，当你的孩子质疑你的判断时，你会如何评价你的回应方式？

5. 当你行使父母的权柄时，是以坚定而仁慈的方式行事，还是以严厉而愤怒的方式回应？

6. 对于你过去对青少年的回应方式，你想改变什么？

7. 如果你的孩子还未成年，当他们开始展示他们的大脑正在经历更新的证据，并且他们开始更有逻辑地思考和问更多问题时，你从本章中学到了哪些对你有帮助的内容？

第二章

多元文化冲击下
怎样帮助青少年驾驭世界

Things I Wish I'd Know
Before My Child
Became a Teenager

我本应该更了解文化对人的信念和行为的影响力。在我们的孩子成为青少年之前，我获得了文化人类学学士和硕士学位。我研究过世界各地的各种文化。我明白了人们拥有不同信仰体系和行为模式的原因在很大程度上取决于他们成长环境的文化。但是，我未能将这种现实应用到我自己的青少年身上。我没有认真思考他们成长的文化与我成长的文化有何不同。当今青少年成长的文化与我儿子和女儿成长的文化又截然不同。

我十几岁时的生活文化非常同质。住在我附近的大多数人对生活的基本信念都是一样的。他们做着相似的工作。我们家是南方的纺织小镇，几乎人人都在纺织厂工作，一天24小时不间断运转。几乎每个人的后院都有一个花园，他们的大部分非工作时间都花在了种植、栽培、采摘和罐装自己的农产品上。大多数人都在星期天去教堂。

十几岁的时候，我白天上学，下午在花园里干活，周六在我表哥家的后院打篮球。我们星期天早上去教堂，下午经常在我姑姑和叔叔家和其他亲戚一起吃午饭。大部分时间我们都在周日晚上回到教堂。我与外界的唯一接触是每周晚上和我的妈妈、爸爸和姐姐一起听两到三次NBC广播。我知道这很难令人相信，但我十几岁的时候还没有电视。我记得我15岁时，我堂兄的父亲买了一台电视机，它是整个社区中唯一的一台，屏幕是黑白的。我很着迷，因为我真的可以看到那些住在其他城市的人们说话的面孔。

将我的世界与我孩子的青春期生活进行对比：他们从出生那天起就看到了彩色电视。当然，在他们的童年时代，我们限制了他们可以看的节目数量，为他们选择了合适的节目。随着年龄的增长，我们给了他们四到五个节目的选择，我们认为所有这些都可以接受，这样他们就可以在界限内自由做出决定。当他们成为青少年时，电视并不是他们生活中的新现象，而成了生活中的一部分。通过电视，他们接触到比我成长时的世界更广阔的世界。他们知道越南的20年战争和民权运动。作为青少年，他们很高兴战争结束了，然而他们对战争的结果提出了严肃的问题。那些"为什么？"的问题很难回答。1960年代的性革命已经结束，但在1970年代后期，作为青少年，他们正在承受其后果。

作为今天的父母，你的孩子们生活在一个与我孩子们成长的世界截然不同的世界中。电视节目的质量得到了极大的提升，数量得到了很大的扩展。我的孩子们只有主要网络，而今天有了流媒体，一天中的所有时间都有无穷无尽的内容可用。

我十几岁的时候还不知道个人电脑，但对你们来说它们是第二天性。他们无法想象没有数字设备的生活。智能手机使他们能够访问他们在计算机上可以获得的大部分内容，还允许他们通过文本、推文、自媒体和许多其他平台发送消息和照片。他们的世界比我孩子那时的世界要广阔得多。每天接触世界各地的暴力和悲剧，讨论从种族主义到气候变化再到移民的问题，野火和洪水的图像，以及是什么让一个美好社会每天都在轰炸当代青少年的不同观点。与之前的一两代人相比，人们更能接受各种对心理健康问题开诚布公的讨论了。娱乐、游戏和其他在线社区将悉尼、首尔和西雅图的年轻人联系在一起。学校社区更加多样化。学校射击训练是学生一天生活的一部分。是的，他们的文化与前几代人的世界截然不同，青少年深受他们文化的影响，只有这是一件没有改变的事。

在我十几岁的时候，如果我的邻居看到我做了他们认为不当的事情，他们会向我的父母报告，我知道他们会的。然而今天，你的邻居可能甚至不认识你十几岁的孩子。那么，当代父母可以做些什么来帮助孩子去驾驭他们生活的世界呢？请允许我提出以下建议。

技术合作

技术的第一个价值是为你服务。信息从未像今天这样容易获得。通过按几个按钮或说"嘿，Siri！"，你和你的孩子就几乎可以学到任何想要知道的东西。因此，请使用这个巨大的资源。当你和青少年讨论什么话题时，建议你们每个人上网看看能找到哪些关于这个话题的内容。这样做，你就是在教你的孩子如何充分利用技术。当然，你需要告知他，在网上阅读的内容不一定都是真实的，尤其是在社交媒体上。互联网充斥着错误的信息，其中一些是有意为之和具有破坏性的。如果你在教他批判性思维和辨别力，并且你自己也以身作则，那么你就是在帮孩子一个大忙。

技术的第二个价值是连通性。你和你的孩子现在可以通过智能手机来保持联系，而这种实现的方式是前所未有的。你可以在交谈时和他们互相注视，甚至可以随时知道他们所在的位置（确保你的孩子知道你有这种能力。如果他们试图阻止该权限，请将手机拿走一周。毕竟，你才是买单的人）。鼓励你的孩子给你发短信并让你随时了解情况，并且你也可以这样做。青少年通常更喜欢发短信而不是打电话（你也可以。利用它并通过文字与你的孩子"交谈"）。

同时，青少年很容易对屏幕上瘾，作为家长，你有责任了解屏幕的使用情况。他们可能在社交媒体上溜达或正在玩电子游戏。但是，当他们的空闲时间都花在屏幕上时，就会形成一种长大后会有的模式，这将不利于他们的婚姻和人际关系。因此，设定边界非常重要。这里有三个建议。

首先，有些东西我们不能看。色情已经成为当代青少年的一大问题。色情是对人类性行为的扭曲。它在人脑中留下极难抹去的露骨色情场景。它贬低了女性。它导致青少年生活在一个不切实际的世界中。作为父母，你应该与你的孩子就色情的危害进行公开对话。让他们知道你已经在他们的智能手机和计算机上放置了一个筛选设备，以防止他们接触色情网站。这完全是出于对他们的爱和关心，希望他们受益，而不是想要制造出一种专制父母的感觉，我想你可以努力尝试去传达这些信息。

第二，设定时间界限。每个青少年都需要无屏幕时间。其中之一肯定是进餐时间。当青少年或父母在用餐时间看屏幕时，他们就错过了人际互动的绝佳机会。当我们的青少年在家时，晚餐是我们谈话的时间，这件事我们做对了。把电视关了，收音机不再播打球了，我们都不会接电话。用餐结束后，我们经常会围着桌子聊上30分钟或更长时间。我记得有一次，当我们的儿子在大学一年级带了一些朋友回家度周末时，我们像往常一样在进行餐桌谈话。朋友问他："你们平时都是这样说话的吗？"他们承认他们的家人从未有过这样的谈话。成年后，我们的两个孩子都告诉我们，餐桌谈话是他们最喜欢的回忆。

我还鼓励限制青少年看电视、搜索网络或玩电子游戏的时间。通过与他们一起散步来鼓励他们，在这种情况下你们既不看屏幕也不接电话或发短信，除非你接到的电话是来自家庭成员的。一起玩棋盘游戏或在后院投篮。如果他们对运动感兴趣，鼓励他们参加。如果他们对音乐感兴趣，鼓励他们去上课。生活比屏幕大得多，我们必须帮助我们的青少年了解这一现实。

第三，除了时间界限之外，我还鼓励你创建空间的界限。除了用餐时间，我强烈建议你让卧室成为一个没有屏幕的空间——没有电视、没有笔记本电脑、没有手机（例外情况是你的女儿或儿子需要在他们的设备上做作业）。这是你的青少年一开始可能会拒绝的界限，但他们稍后会回来感谢你。当然，作为父母，我们也必须吸取限制屏幕时间的教训。

这种想法在当代社会是反文化的，我们觉得我们必须24/7①全天候"接通电源"。但这个界限为青少年创造了一个可以不插电的地方，并提供了读书的好时光。我们稍后会讨论这个问题，往往有规律阅读习惯的青少年会比那些没有规律阅读习惯的青少年在学业上更有成绩。当然，如果你在他们还是孩子的时候就建立这一界限，并且简单地把这种做法延伸到青少年时期，那就会容易很多。不过没关系，因为设定健康的界限永远不会太晚。

在使用技术时，尽可能多地与你的孩子一起参与。比如一

---

① 指每天 24 小时每周 7 天。

起看电视，无论是体育赛事、纪录片、新闻广播还是电影，聚在一起观看，然后讨论你们观看的内容、学到的内容、获取的信息、对体育比赛胜利结果的兴奋程度以及失望程度。正是这些讨论帮助你影响了他们，而不是简单地让文化去影响他。我们不能将青少年从文化中移除，但我们可以帮助他们解释文化。

如果他们参加体育运动，请去看看他们的比赛，然后再和他们讨论。如果他们喜欢交响乐，请去听听交响乐并和他交流你听到的内容。如果你有兴趣希望孩子在某方面得到发展，请带上他们，无论是跑步、观鸟、摄影，还是你的任何其他兴趣。他们可能会或可能不会像你一样兴奋，但至少这让他们有机会看到你正在做自己喜欢的事情，这为你的孩子提供了与你建立联系的时间。

既然文化对青少年有着如此深远的影响，让我鼓励你尽一切努力去确保你孩子学校的老师在致力于帮助他们了解教育的价值，鼓励他们的兴趣，并帮助他们发展强大的能力去学习伦理。当然，青少年不仅受到老师的影响，也受到同龄人的影响。我知道你不能选择他们的友谊，但要鼓励他们认同认真学习的学生。

是的，你的青少年在一个与你成长的文化截然不同的世界中成长。文化在不断变化，有时会像我们最近六十年所看到的那样突然发生，其他时间它则会以蜗牛的速度改变着。但文化永远不会保持不变。你的青少年不仅会受到文化的影响，而且希望他们也能影响文化的变革。请在他们的脑海中留下一个目标，那就是让世界变得比他们发现时更美好。请在你自己的生活方式中证明这一点，你的青少年也很可能会实现他的目标。

想想看

1. 与你的青少年分享你青少年时期的世界是什么样的。他们可能会发现它很吸引人。

2. 回顾自己的青春岁月，有什么遗憾吗？

3. 你十几岁的时候做了哪些让你感到骄傲的积极正面的事？

4. 在你十几岁的时候，你的父母在哪些方面对你产生了正面或负面的影响？

5. 你能从他们的榜样中学到什么？

6. 写一段简短的文字，说明你对 13 到 18 岁的孩子的期望。如果你喜欢所写下的内容，可以考虑与你的青少年分享。

第三章

发现并说出青少年的主要爱语

Things I Wish I'd Know
Before My Child
Became a Teenager

13 岁那年，他离家出走。他坐在我的办公室里说："我的父母不爱我。他们爱我的弟弟，但他们不爱我。"我认识他的父母，我知道他们爱他，但很明显，他们之间存在隔阂。在咨询室，我经常会发现多子女家庭中有的孩子能感受到父母的爱，而另一个则感受不到。为什么会有这种差异？许多父母不明白的是，我们每个人都有一种主要的爱的语言。多年前，我写了一本书，书名是《爱的五种语言》。这本书是写给已婚夫妇的，旨在帮助他们在"相爱"的快感消退后，继续保持情感上的爱。

从本质上来说，丈夫在爱中常常是以他自己能感到被爱的语言来表达对妻子的爱。然而，如果那不是她的爱语，她就不会感到被爱。我在我的咨询办公室发现了这个概念，在那里我听到了很多彼此思念的夫妻的故事。当配偶感觉不到被爱时，处理婚姻关系的其余部分就会变得困难起来，例如解决冲突和理财。当他们都在彼此的爱中感到安全时，生活就是美好的。该书已售出数百万册，并在全球被翻译成五十多种语言出版。许多夫妇对我说，"那本书挽救了我们的婚姻。"

同样的概念可以帮助父母有效地向他们的青少年传达爱。大多数父母都爱他们的青少年。然而，许多青少年感觉不到被爱。父母通常认为如果有什么能让一个青少年感到被爱，那么它也会让另一个青少年感到被爱。那是一个错误的假设。我的研究表明，有五种基本的"爱的语言"，每个青少年都有一种主要的爱的语言。如果父母不用那种语言表达爱，即使父母说的是其他一些爱的语言，孩子也不会感到被爱。请允许我来简要描述一下这五种爱的语言。

肯定的话语——用言语肯定青少年。"你在学校的辩论中表现出色。""我真的很感谢你帮我打扫车库。""我真的很喜欢你的笑容，当你微笑时，你是如此英俊/美丽。""我很欣赏你的一件事是我知道你会告诉我真相。"你的评论可能会集中在青少年的外表、性格特征或某些成就上。在每种语言中，都有不同的方言。例如，鼓励的话旨在灌输继续尝试的勇气。也许一个青少年正在尝试学习用乐器演奏音乐剧。一位家长可能会说："我认为你正在取得真正的进步。你肯定在进步。"然后是赞美之词，指出青少年所做的让你钦佩的事情，例如："我注意到你在亚当投球失利后鼓励他的方式。我知道他一定很难过。当我们感觉不好时，我们所有人都需要鼓励。"

在赞美孩子的成就时，一定要赞美他们的努力，而不是完美的结果。我记得一位青少年对我说过："我从来没有取悦过我父亲。如果我割草，他会抱怨我没有把草从灌木丛中割下来。如果我打出双倍，他告诉我我应该打出三倍。如果我在成绩单上得了B，他会告诉我我应该得A。"

我认识他的父亲，我知道他想做什么。他试图激励他的儿子尽力而为。然而，少年听到的却是谴责。一个青少年在修剪完草坪后需要的是"谢谢你修剪草坪。这对我来说是一个真正的帮助"。修剪灌木丛下的草是他下周开始割草时才需要注意的。因为当他感到被爱和被欣赏时，他会愿意照顾灌木丛下的小草。当他开始为得了B而吹嘘，等到下一周时你可以说："我想知道你能做些什么来把B变成A。"同样的，表扬他的双冠王，等到下周六时向他展示他如何可以将双冠王变成三冠王，并且再次表扬孩子的努力，而不是完美。

服务的行为——为青少年做一些你知道他们希望你做的事情。可能是做一些他们最喜欢的饭菜或甜点。或者，可以协助他们完成数学作业。当康纳的父亲同意帮助他为他的高中戏剧作品搭建布景时，他正在说的是康纳的主要爱语——服务的行为。对于这些青少年来说，"行动胜于雄辩"。

有时我们正在为青少年做他们自己无法做的事情，例如为参加暑期工作面试的儿子熨衬衫，或为女儿的汽车更换轮胎。有时我们也可以通过教他们自己做事来说这种爱的语言，比如教儿子熨衬衫，教女儿修理漏气的轮胎。为他们做这件事可能更容易，但教他们怎么做可能更有意义，尤其是当他们的爱语是服务的行为时。

接受礼物——给青少年一些你知道他们会喜欢的东西。（这并不意味着你给了他们所要求的一切。）你给了他们符合他们发展阶段的礼物，并且你认为这会对他们有所帮助。礼物不必很贵。它们可以是你知道的他们最喜欢的小糖果。是的，包括衣服和鞋子，只要是他们喜欢的东西。请注意，赠送礼物是为了表达爱意，而不是为了回应青少年为你所做的事情。"如果你愿意打扫房间，我就给你买那双新鞋"只是对所提供服务的报酬，根本不是礼物。如果接受礼物是你孩子的主要爱语，那么就当面送他们礼物吧。不要说，"我给你买了一件新衬衫，已经放在你的衣橱里了。"相反，当面告诉他们，"因为我爱你。"如果青少年是棒球卡或其他任何东西的收藏家，请将这些信息放在你的脑海中。

有家长问："这样的爱语，会不会培养青少年变得物质主义？"我想说的是，这种情况只有当你给青少年他们要求的一切时才会发生。确实，理解爱语概念的青少年可能会以此试图操纵你。"如果你爱我，你会给我一块苹果手表。你知道收礼物是我爱的语言。"家长的反应会是什么呢？"我太爱你了，但是现在不能给你一块苹果手表。那会在你长大后给你，但不是现在。"其实，对于那些主要爱语是接受礼物的人来说，真的是"心意更重要"。当你记住他们最喜欢的糖果、爱好或其他兴趣，并给他们一些你知道他们会喜欢的东西时，这就是在大声表达你的爱。

优质时光——全神贯注地关注青少年。不要将优质时光与待在同一个房间里混为一谈。你可以和你的孩子一起在电视上观看体育赛事，但这不是优质时光，除非你在比赛前后与你的孩子谈论比赛或他的想法。可能是带你的孩子出去吃早餐或午餐，只有你们两个，并倾听他们的担忧。当你正在倾听他们的心声时，请不要接电话。

我记得一个年轻人对我说过，他感觉不到父亲的爱。当我问为什么时，他说："我们从不花时间聊天。""我记得你告诉过我，你和你父亲曾一起去看维克森林大学的所有足球比赛，"我说。"我们有，但他很喜欢比赛，而不是我。我只是坐在他身边的另一个身体。我们不会在去比赛的路上、比赛中，或赛后开车回家时交谈。就像我说的，我们从不交谈。"这在我看是很明显的，这个青少年的爱的语言是优质时光。他想要他父亲对他全神贯注。如果仅仅是在一场足球比赛中坐在他父亲身边的话，并不能让他感受到爱。

身体接触——适当的、肯定的接触，例如击掌、拍背、拥抱或揉背。对这些青少年来说，身体接触让他们感到被爱。适当的触摸传达了"我看到你了，我认识你，我爱你"这样的信息。我的一项观察是，在我们过度性开放化的文化以及一些常见的父母性虐待的报道的影响下，一些父亲往往不愿拥抱青春期的女儿。然而，如果女儿的主要爱语是身体接触，而父亲没有给她适当的接触，她就会开始感到不被爱。有时，她会向比她年长十几岁的男孩伸出手来，他会给她身体上的接触，但那些通常是不恰当的。如果她的父亲能通过给她适当的、肯定的触摸来表达他的爱的话，那么她就不太可能落入这个陷阱。

我希望你听了我说的那些之后不要以为只要说一种爱的语言就行了。我们的目标是大量使用对方主要爱的语言，然后加入其他四种以获得额外的情感信任。理想情况下，我们希望青少年能够通过全部五种语言接受爱也给予爱，那他们就最有可能在成年后成功与他人建立起健康的关系。不过，如果你不会说青少年的主要爱语，那么即使你会说其他一些爱语，他们也不会感到被爱。

那么，为什么父母常常不说青少年的爱语呢？**一个原因是父母从未发现青少年的主要爱语是什么。**其实这个问题很容易解决，你只要问自己三个问题。第一个问题："我的孩子最常与其他人用哪种爱语发生关系？"如果你听到你的孩子经常对别人说肯定的话，那么他的主要爱语很可能是肯定的话语。如果他们总是通过做事来帮助别人，那么服务的行为可能就是他们的爱语。通常，我们以我们希望接受爱的方式来向他人表达爱。第二个问题："我的孩子最常抱怨什么？"你有没有听到你的孩子说："我永远无法取悦你！"如果是这样，他的爱语很可能是肯定的话语。如果，当你从杂货店回来时，你的孩子说："你怎么没有给我买东西？"这就是在告诉你，他们的爱语是礼物。青少年的抱怨揭示了他们爱的语言。第三个问题是："我的孩子最常见的诉求是什么？"我十几岁的女儿会说："爸爸，我们晚饭后可以出去散散步吗？"她的诉求就是优质的时光。如果你去出差，你的儿子说："一定要给我一个惊喜！"那么他的爱语就是礼物。"你能给我擦背吗？"表明他们的爱语是身体接触。

　　你对这三个问题的回答可能会清楚地显明你家孩子的主要爱语。一位母亲说："我们儿子的爱语是优质时光，这让我们感到很震惊。我们一直以为他的爱语是肯定的话语，那是我们不断在给他的。当我们开始和他一起散步并给予他单独的关注时，我们的关系得到了改善。"

　　令父母很难说出青少年爱的语言的**第二个原因是，他们从未从他们的父母那里接受过那种爱的语言**。一位父亲说："我知道儿子最喜欢的语言是身体的接触，但我父亲从来不给我拥抱，所以我很难去拥抱我的儿子。我看到当他母亲拥抱着他时，他的样子是有多享受。"帮助这位父亲的方法是可以采取每次一小步的方法。当你从他身边走过时，先轻轻拍一下他的肩膀，或者在发生一些积极的事情后与他击掌，还可以拍拍他肩膀。这样一小步一小步最后就可以帮他做到拥抱了。

好消息是，你可以在成年后学会说任何一种爱的语言，即使你小时候没有接触过它们。一位父亲说："我父亲从来没有告诉过我他爱我。当我儿子出现时，我发誓要对他说'我爱你'，但我不得不承认，这很难。但是，我很高兴我做到了，因为现在我知道肯定的话语是他的爱语。"

父母难以说出青少年爱的语言的第三个原因是我们之前提到的：青少年在身体、情感和智力上正在经历巨大的变化。即使你在他们小时候发现并使用了他们爱的语言，他们也可能在青少年时期而变得不明显。一位母亲说："我知道我女儿的爱语是优质时光。小时候她喜欢和我一起玩游戏，和我一起逛街。现在她对那些东西没兴趣了。"我经常被问道："当他们变成青少年时，他们的爱语会改变吗？"我不这么认为，但你必须学习他们爱语的新方言。你以前表达爱的方式现在对他们来说似乎很幼稚。比如说优质时光，青少年可能更喜欢一起去远足或参加体育赛事并与你交谈，而不是与你一起玩游戏。

在他10岁的时候，他的妈妈可以在他所有的朋友在场的情况下，在比赛后拥抱他，那时他感到被爱。而现在，他会推开她。他仍然需要身体接触，只不过需要私下，而不是在队友面前。当他小的时候，你可以说："你真可爱。我真的很爱你。"如果肯定的话语是他们的爱语，他们仍然需要肯定的话语，但他们需要听起来更成熟的话，比如"我真的很佩服你愿意花时间和克洛伊交谈，我看得出来她很不高兴"。所以，作为父母，你不需要学习不同的语言，只需要学习不同的方言即可。

如前所述，青少年的情绪会随着生活中发生的事情而大幅波动。爱语是身体接触的青少年可能会在早上接受妈妈的拥抱，但下午的拥抱可能会被拒绝。为什么？学校里发生了一些影响他们情绪的事情。关于拥抱是否会被接受的一个黄金经验法则是：如果青少年站得离你很近，很可能你能得到一个拥抱。但如果他们站在房间的另一边，可能就不会了。试着读懂他们的情绪，你就会明白为什么你的爱的表达可能会被接受或拒绝。

有一点很重要，父母要明白，当你用他们的爱的语言表达不满时，孩子的心会受到很大的伤害。例如，如果青少年的爱的语言是肯定的话语，那么对他们说负面的话语就会像匕首一样刺入心脏。当你大声、严厉地对他们发怒时，他们会感到被拒绝。他们可能会反击，或者他们可能会默默忍受，但他们会很痛苦。

如果青少年的爱的语言是身体接触，而在愤怒中你推、撞或打他们，那么你已经在以最糟糕的方式伤害他们了。没有什么比身体虐待更能伤害他们的了。如果优质时光是他们的爱的语言，当他们看到你把所有时间都花在工作、打高尔夫球或与年幼的兄弟姐妹相处时，他们会感到被忽视，他们会感到与你关系疏远。你可以带他们去看一场职业足球比赛，但如果你的全部注意力都集中在比赛上，而你的孩子则被当作是一个碰巧和你坐在一起的陌生人的话，他们会感到情感空虚而走开。

如果服务的行为是青少年的爱的语言，你承诺帮助他们完成学校项目，但后来告诉他们你没有时间，那么你只是在向他们传达其他事情比他们更重要这一事实。

没有父母是完美的。我们所有人都会时不时地失败。即使我们知道青少年的爱的语言，我们也会忙于承担其他一千种责任，而无法满足他们对爱的情感需求。我们甚至可能会像上文所述，当面对青少年的消极行为时，陷入错误表达我们挫败感的陷阱。我们不必完美才能成为好父母，但我们确实需要通过在我们失败时向我们的孩子道歉来应对我们的失败。

一些父母认为，如果他们道歉，他们的孩子就会失去对他们的尊重。恰恰相反，这会赢得他们对你的尊重。他们已经知道你的言行不当。他们已经感受到你的不当行为所带来的痛苦。如果你道歉，你的孩子可能会原谅你，并且这种关系会以积极的方式向前发展。

我希望你开始明白在从童年到成年的这些年里，父母发现并说出青少年的主要爱的语言是多么重要。我喜欢在每个青少年的内心描绘出一个情绪的"爱箱"。当水箱满了，也就是说，孩子感受到了父母深深的爱时，他们就会在情感上健康成长。但是当"爱箱"变空时，青少年就不会感到被爱。他可能会去寻找爱，通常是在所有错误的地方。对于青少年的情绪健康而言，没有什么比保持"爱箱"装满更重要的了。

有关理解和表达青少年爱语的更多信息，请参阅《爱的五种语言青少年篇》。你的孩子可能还想阅读专为他们编写的《爱的五种语言之青少年指南》。青少年甚至可能会发现父母也有他们的爱的语言。

对于重组家庭中的父母来说，有一个特别点需要留意：青少年和他的继父母之间的情绪互动非常不同。仅仅了解青少年的主要爱语是不够的。例如，也许你知道青少年的爱语是身体接触。因此，出于每一个传达爱意的意图，你都会想去拥抱他们，然而他们会把你推开。不要气馁，因为他们只是尚未与你建立情感联系。是的，他们需要身体接触，但你必须从不太亲密的接触开始，比如碰拳、击掌或碰肩。在他们准备好拥抱之前可能需要一些时间。

想想看

1. 你知道你孩子的主要爱语吗？你知道你自己的爱语吗？

2. 你可以采取本章中建议的哪些步骤来理清你正处青春期孩子的爱的语言？

3. 试着向你的孩子问这个问题："如果以 0—10 分来评判，你感受到了多少来自我的爱？"然后，如果他们说的少于 10 分，你可能会问："我该怎么做才能提升？"他们的回答可能会给你关于他们主要爱语的另一条线索。

4. 你可以问你的配偶他是否愿意问孩子同样的问题。如果你们俩都这样做，你的孩子可能会问："发生什么事了？为什么你们都问我这个问题？"你可以诚实地说："我们正在努力学习如何成为更好的父母。我们爱你，但我们想确保你感受到被爱。"

5. 有什么事情是需要你向孩子道歉的？如果是这样，为什么不今天就做呢？

第四章

如何鼓励青少年走向独立

Things I Wish I'd Know
Before My Child
Became a Teenager

到青少年年满 18 岁时，他需要培养一定程度的独立性。在 18 岁时，他们通常会完成高中学业并进入大学、参军或找到一份工作（希望如此）。作为父母，我们知道我们不希望我们的孩子在 30 岁时没有工作、没有受过教育、没有抱负、依然住在父母家里。我们希望，他们成年后能够在经济上自给自足，做出明智的决定，并对社会产生积极影响。我们希望他们成为"给予者"，而不是"接受者"。我们希望他们能为世界做贡献，而不是依赖父母或其他人来生存。

如果我们的孩子要成为负责任的成年人，那么这个过程必须从青少年时期开始。青少年心里深处是对独立的渴望。青少年大脑中发生的事情引发了这样的想法："我的父母为我做了一辈子的事情。他们做出了我所有的决定。现在是我自己做出一些决定的时候了。我能照顾好自己。我已经不是小孩子了。"我如果能早知道我作为父母的角色是鼓励这种独立精神，而不是试图压制它就好了。我希望我知道与这种对独立的自然渴望合作远比试图阻止或忽视它要好得多。我希望我知道渴望独立是一件好事，而不是坏事；作为父母，我需要配合并指导这个过程。你的儿子或女儿开始逐渐确立自己的身份，发现自己——与你分开。相信你可以帮助他们度过这段旅程。

他们自己的空间

对独立的渴望将表现在生活的各个方面。对独立的渴望首先可能会出现的地方就是对个人空间的渴望。也许他们一直和弟弟妹妹住在一起，他们会要求有自己的卧室。他们甚至会说："我可以搬到阁楼或地下室去住吗？"如果你能够并选择提供这样的个人空间，他们将以你无法想象的方式装饰他们的房间。这是他们在告诉自己和你他们正在成长的方式。他们是独一无二的。他们有好恶。他们是家庭的一部分，但又独立于家庭。

在社交环境中，这种对独立的渴望会导致他们渴望与朋友而不是家人坐在一起。无论是在体育赛事、剧院还是教堂，他们都希望被视为独立个体，而不仅仅是家庭的一部分。如果他们需要或想要新衣服，他们更愿意在没有你的情况下购买。但是，如果作为关心此事的父母，你决定既然你要为衣服付款，那么你希望对他们购买的东西拥有最终决定权，那么他们会要求你在他们的朋友不在的时候去购物，或者只是网购。他们不希望被人看到和你在一起，因为这会让同伴认为，他们还只是孩子，而不是青少年。

在与大家庭相关的一些事务上，你可能还会发现青少年示威者正在向独立迈进。因此，当你向十几岁的儿子提到祖母下周生日，"下周六我们将去参加她的生日聚会。"你的孩子很可能会说："我不想去。"作为父母，你会感到很震惊，因为他从小就一直参加奶奶的生日聚会。在你充满愤怒地开始猛烈抨击之前，比如"你要和我们一起去。她是你的祖母，我们要去庆祝她的生日"，为什么不问问你的孩子，为什么他不想去？这样做的话，你就是在把他当作正在发展独立性的青少年了。如果他说："去那儿会很无聊，我们所做的就是坐下来聊天。我想在周六和我的朋友们开心地去玩。"你的回答可能是，"我能理解。如果我在你这个年纪，我可能也会有同样的感觉。然而，这是我们必须把家庭放在第一位的时候。"你已经承认他的感受是有道理的，且并没有指责他对祖母不敬。你是父母，你是做出最终决定的人，但你可以这样做，以肯定他对独立的渴望。

父母很难处理所有类似这样的不同愿望。父母可能会认为这些行为是对父母为青少年所做的事情缺乏感激之情。"当我们是他们的家人时，他们为什么要与我们保持距离？"是很多家长都问过的问题。其实答案很简单：他们正在走向独立。青少年也可能渴望情感空间。他们可能不像小时候那么健谈了。他们可能倾向于将自己的想法和感受留给自己。当你问他们："发生了什么事？"他们的回答很可能是"没什么"。作为孩子，他们可以自由地分享他们的情感，但作为青少年，他们可能不愿意说"我担心我代数考试可能不会通过"，或者"我很难过，因为我在学校的朋友不想再做我的朋友了"。青少年想要显得坚强和自给自足。年轻人往往不愿意分享自己的情绪，因为他们认为这样做是软弱的表现。他们可能会拒绝你所表达的爱意。对于不了解青少年的思想和情绪正在发生变化的父母来说，这可能是痛苦的。

对于青少年来说，他们的情绪就像过山车，一天到晚起伏不定。他们可能一时情绪高涨，一小时后又情绪低落，这取决于他们一天中遇到的情况。他们通常不想让父母知道他们的感受，因为他们不想让父母介入并试图对刺激情绪的情况做些什么。一名青少年说："我没有告诉父母，老师在我的试卷上给了我'D'，因为我告诉她是我爸爸帮我写的。我知道他们会去找老师谈话，那会让我惹上更多麻烦。"

青少年走向独立的过程往往涉及情感上的退缩。如果父母了解这个现实，他们就不会将此解释为拒绝了。

青少年表达他们走向独立的方式有很多种。他们可能更喜欢与你喜欢的不同的音乐风格。他们的选择会受到当时流行音乐风格的极大影响。批评青少年的音乐就是在批评青少年。这是他们的选择，而你在谴责他们的选择。阅读歌曲的歌词并在可能的情况下发表积极的评论对你来说要好得多。我说读歌词是因为你可能无法理解歌词，因为它们是你孩子最喜欢的音乐家唱的。

这是我觉得自己做得不错的一个领域。我记得当我儿子进入巴迪·霍利（Buddy Holly）和后来的布鲁斯·斯普林斯汀（Bruce Springsteen）流行的年代时（我知道你们中的一些人还不够大，不记得1950年代的摇滚歌手巴迪·霍利），我读了歌曲的歌词，寻找可以让我感到积极的东西，并将它们传达给了我的儿子。有一次我对他说："德里克，我要去得克萨斯州沃思堡演讲。你愿意和我一起去吗？当我演讲完之后，你和我就可以开车去拉伯克，去看看巴迪·霍利的家乡。"他回答说："哦哦哦！我很乐意那样做！"（我不知道从沃思堡到拉伯克有多远。这是一段很长的旅程。）

我们花了一整天的时间跟着商会给我们的导览图走。我们去了他出生时所在的房子、巴迪就读的学校、他结婚和举行葬礼的教堂、播放他第一张唱片的广播电台、他在当地常举办演出的棉花俱乐部，以及他被埋葬的墓地。当我们从拉伯克开车返回沃思堡时，我们谈论了我们所见所闻的一切，并且想知道如果巴迪·霍利没有在几十年前那场夺去他生命的飞机失事中丧生，会发生什么。老实说，我对巴迪·霍利不感兴趣（他已经死了），但我对我儿子感兴趣，我想让他知道我很欣赏他的音乐品位。

后来，我们也去了布鲁斯·斯普林斯汀在新泽西州的家。然后，当我儿子上大学并参加音乐欣赏课时，他加入了交响乐团。那时我才知道什么是双簧管。我的意思是，当我们对青少年的选择表示赞赏并从这些选择中寻找好处时，我们就是在肯定他们的独立性和他们做出明智决定的能力。

你可能还会发现你的孩子说起了另一种语言。他们会使用你从未听过的词。同样，这是帮助青少年表达独立性的文化方式。他们有对青少年有意义但对成年人没有意义的暗语。他们会想要穿你难以想象的衣服。他们的发型或肤色，以及各种文身和穿孔，有时会让你大吃一惊。我记得当我们的儿子从大学第一学期回到家时头发是橙色的，而那年将近年尾的时候，他的头发都掉光了。是的，他看起来和我很不一样，但他正在表达他的独立性，我逐渐看出了那是什么。

对于不了解情况或未能关注青少年自然走向独立的父母来说，这些事情可能会令人不安。他们倾向于谴责或至少质疑青少年。这样一来，他们就在两人之间制造了情感障碍。然而，当我们肯定我们的青少年走向独立时，我们就是在为他们成年做准备。

独立——有责任

随着独立性的发展，责任也随之而来。当你的青少年成年并离开家时，他将可以自由地做出所有决定。然而，他们需要了解这样一个事实，即每项决定都会产生后果。消极的或积极的，这取决于决策的智慧。如果他们从未学会为自己所做的决定负责并因此接受后果，那么他们的婚姻很可能会遇到困难。谁愿意和一个不负责任的配偶生活在一起，一个想要独立而不负责任的配偶？

这种负责任的态度必须在青少年时期在他们走向独立时学习。我们在很多地方可以教授他责任感。例如，除了有机会在阁楼或地下室或额外的卧室拥有自己的个人空间外，青少年还必须承担为他们选择放在房间里的所有装饰品除尘的责任，并且他们必须负责每周吸尘或扫地一次。如果他们未能履行职责，则必须承担适当的后果。

当青少年长大到可以开车时，对责任的一项重大考验就来了。这是青少年的成年礼。大多数人都会期待他们能够开车的那一天。长期以来，我一直敦促父母给他们的孩子留下这样的印象：拥有驾驶汽车的特权，就有责任要及时给汽车加油，或者在需要时将车辆驶过洗车场。大多数青少年会很乐意回应这一要求，如果条件是让他们驾驶家庭汽车或你帮他们购买汽车的话。如果他们没有履行自己的责任，他们将失去驾驶汽车的特权两天，第二次违规四天，第三次升级为一周。我几乎可以保证他们不会失去驾驶汽车的特权超过一到两次。更重要的是，他们学到独立将伴随着责任这件事。

驾驶汽车的自由也伴随着遵守当地交通法规的义务。如果青少年违反这些法律，无论是被警察开罚单还是被父母观察到，他们都应该再次在很长一段时间失去驾驶权。

如果你在你认为合适的任何年龄给他们手机，当做下这个决定后，青少年就当承诺为使用他们的设备负责。家长应该可以任意访问孩子的手机。如果他们使用手机欺负他人、发送不当照片或短信、观看色情内容或你认为不利于他们发展的一切其他行为，他们将在规定的一段时间内被没收手机。同样，独立性和责任感必须并存。

宠物护理是青少年可以实践责任感的另一个领域。我13岁的外孙向他的妈妈和爸爸要了一条狗。我的女儿，他的母亲，不喜欢狗，所以她拒绝了。不过过了一段时间，她给准许养狗开出了一个条件："如果我们给你养一只狗，你要负责给狗喂食、喂水、洗狗。"他同意了。因此，科纳就住进了他们的家，我的孙子了解到养狗的自由伴随着照顾狗的责任。科纳是一只年长的狗，已经训练有素，所以他没有训练狗的责任。几年后，当科纳去世时，我问他是否打算养另一只狗。他回答说："不，外公，我已经养过了。"我很想知道他成年后是否会养狗。

每个家庭成员都应该有适合他年龄的职责。要维持正常的生活流程，家庭中有很多工作要做。必须有人做饭、洗碗、吸尘、擦掉镜子上的白点、打扫厕所、遛狗，等等。如果孩子在成长过程中肩负家庭责任，他们可能会更愿意接受你在青少年时期教导他们要承担更多责任这一点。

我们需要教他们承担责任并传授所需的技能。我建议父母和青少年编制一份清单，列出他们希望青少年在18岁时能够做的所有事情。这些将包括上文所述的家庭责任。但它们还将包括如何操作割草机、如何更换吸尘器中的集尘袋、如何洗涤和烘干衣物、如何购买杂货以及如何做饭。作为父母，你可能会对你的青少年想要学习如何做的一些事情感到惊讶。如果你的家人会去划船、滑雪、钓鱼、打猎或参加其他娱乐活动，青少年需要学习与这些活动相关的所有技能和安全规则。如果父母和青少年对他们希望青少年在18岁时掌握的技能有清晰的认识，并且你始终如一地教授这些技能并让青少年学习负责，那么你很可能会在有生之年看到你的青少年成为一个负责任的成年人。

细心的理财是所有成年人都必须做的，而且应该从年轻时就开始。但是，如果青少年没有钱，他们就无法管理金钱。解决这一难题有两种选择。一是青少年可能会找到一份兼职工作。如果他们不参与体育运动或其他课外学校活动，这是可能的。然而，如果他们因为选择参与一些课外活动而没有时间做兼职，父母可能会选择每周或每月给他们零花钱，并明确规定青少年要用这笔钱买什么。在某个阶段我建议你为你的青少年开设一个支票账户，以便他们学习如何平衡每月的收支。鼓励他们把收到的钱按一定比例存起来，把收到的钱按一定比例捐出去。储蓄和给予都会丰富青少年的生活。负责任的资金管理是他们成年后非常需要的一项技能。

我们这个时代的悲剧之一是，许多青少年在他们不必负责任的家庭中长大。父母承担所有家庭的责任。父母给了他们所有的学习用品和生活所需的一切，却从未教给他们责任感。这些青少年进入成年期时会受到很大的障碍。

此外，你的孩子需要具备哪些通用技能才能让他做好进入职场的准备？一些技能将与技术和为未来就业而接受的培训相关，无论是哪个行业。此外，每个青少年都需要必不可少的"软实力"，例如情商和有效沟通的能力。这些对他们向成年过渡至关重要。

我最近和一群职业足球运动员共进晚餐。话题转向了当他们不能再踢球时他们会做什么。一位球员说："问题是我们除了踢足球之外什么都不知道。我们从小就开始踢球，我们只知道足球。"其他球员也纷纷附和。然后另一个球员说："我正在教我儿子如何操作割草机。"另一个人说："嗯，我儿子有一个朋友，他的父亲是一名木匠，他的车库里有一家木工店。所以，我的儿子和他的朋友正在学习如何制作家具。"我看到了这些球员担心他们的青少年学到了他们没有学过的技能，这点让我印象深刻。你希望你的孩子在18岁之前掌握哪些技能？

　　作为父母，我们必须培养和鼓励他们在青少年时期的独立行为，但我们也必须教导，随着独立性的提高，责任也必须随之增加。我再次重申：没有责任感的独立会产生不负责任的成年人。

想想看

1. 在你走向独立的早春期与青春期，你在生活中观察到了什么？

2. 反思自己的青少年时期，你做了哪些建立自己的独立性的努力？

3. 当你的青少年在努力表达他们的独立性时，你是采取肯定还是谴责的态度？

4. 在你十几岁的时候有什么责任？到你 18 岁时，你培养了哪些技能？

5. 你已经要求你的青少年或早春期的孩子承担哪些责任？除此以外，你可能会让他们承担哪些额外的责任？

6. 列出你希望你的青少年在 18 岁时能够做的所有事情。让青少年帮助你列出清单。然后，讨论现在可以学习其中的哪些。

第五章

四种青少年需要的社交技巧

Things I Wish I'd Know
Before My Child
Became a Teenager

人生的成功很大程度上取决于我们与人相处的方式。如果青少年在家里不学习积极的社交技能，他们将在哪里学习？现实情况是，许多成年人失去了工作、婚姻和心理健康，因为他们从未学会如何以健康的方式与人相处。我认为父母最重要的角色之一就是教孩子社交技能。希望这在孩子们还小的时候就能开始。到了青少年时期，我们只能在童年的基础上进行建设。然而，任何时候开始都不晚。我希望我知道帮助青少年发展社交技能与确保他们接受良好教育一样重要。

在本章中，我想分享四种青少年需要学习的社交技巧。我将聚焦于父母可以帮助青少年使这些技能成为一种生活方式的实用方法。当这些技能成为青少年性格的一部分时，它们将加强青少年现在和将来的人际关系。

表达感激之情的技巧

感恩不是遗传的。如果你听到一个青少年表达感激之情，那是他们从某人那里学来的，很可能是他们的父母。感恩是一种思考人生的方式。它关注的是你拥有什么，而不是你缺少什么。一些青少年因抱怨他们没有的东西而出名："我班上的每个人都有一个，除了我。"会感恩的青少年当然有欲望，但他们会为已经拥有的东西而感恩。那么，我们如何教青少年用感恩代替抱怨呢？

这一切都始于父母的态度。你是感恩的父母还是抱怨的父母？你认为你的青少年会如何回答这个问题？你愿意问孩子这个问题吗："我们是感恩的父母吗？0—10分，你给我几分？"一名青少年回答说："好吧，妈妈，你会感恩，但你确实抱怨很多。我差不多会给你打个4分。"他妈妈很震惊，但她现在知道儿子是怎么看待她的了。我们不太可能教我们的孩子一些我们还没有学会的东西。

做人有一件美妙的事情，那就是我们可以改变我们的态度。一旦我们改变了对生活的看法，它就会反映在我们的言行中。所以也许你可以把它做成一个"家庭项目"。举行一次家庭会议，你可以这样说："我一直在想我最近抱怨了多少。我不喜欢我这样。所以，我要真正努力用感恩来代替抱怨。与其抱怨事情，我要开始寻找那些让我可以感恩的事物。在接下来的三个星期里，我想请你们只要听到我抱怨时就提醒我注意。当你们这样做时，我会停下来想一想，然后分享两件我很感恩的事情。大家愿意帮我吗？"大多数青少年和年幼的孩子都会报名参加这个项目。如果父母双方都愿意接受孩子的帮助，那将是最理想的。习惯和态度可以在三周内改变。

在三周结束时，举行另一场家庭会议，让父母对儿童和青少年的帮助表示感谢，你觉得怎么样？然后开始另一个为期三周的项目。每个会写字的家庭成员都会将其他家庭成员的名字放在一页的顶部，每个家庭成员一页。每周写下你欣赏那个人的三件事。举行每周一次的会议，让你们每个人都向其他人大声朗读自己的想法。我预测你会被你的孩子和其他孩子写的关于彼此和他们父母的故事所震惊并且深受鼓舞。

其他培养感恩的方法是可以为我们周边的"事物"来操练感恩。例如，将每位家庭成员安排在房子的不同房间或区域，并让他们列出该房间中令他们很感恩的五件事。再过一周，每个人都可以走出去，列出他们赞赏自然的五个方面，或者五件他们欣赏造物主的事。另一个想法是感恩字母表，其中要求每个家庭成员列出一份以字母表中的每个字母开头的令他们感恩的事情清单。

每周一次，在餐桌上，每个家庭成员都可以被要求分享一件他们欣赏他们左边或右边的人的事情。写一封"谢谢你"的便条给祖父母，在他们给了孩子一份礼物后，或将"谢谢你"的便条给那些曾经影响他们生活的老师，这样可以帮助青少年思考他们值得感激的人和事。这些家庭经历将有助于在青少年心中建立感恩的态度。当感恩成为青少年的一种生活方式时，这将帮助他们在发展健康的生活关系上具有明显的优势。

一位大一大学生说："我很感激我的父母，他们教会了我感恩。我的很多同学对什么都抱怨。我甚至不喜欢和他们在一起。他们太消极了。正如我父亲常说的那样，'我看到杯子是半满的，而不是半空的。'我很感激有机会上大学。我只想要充分利用这四年。我每天早上醒来，都会想感谢上帝，我还活着，还有这个机会。"哪个父母不想听到自己的儿子或女儿说出这样的话？

提问的技巧

提问是每个青少年都需要的社交技能。我一直很着迷的是，当孩子们还小的时候，他们总是在问问题，但是当他们十几岁的时候，他们往往会变得很安静。正如我们在第一章中所说的那样，他们可能会质疑父母的想法或决定，但很少向他们的同龄人或他们遇到的其他成年人提问。我认为根源问题在于青少年想要表现得很有能力的愿望。父母常说："现在他十几岁了，他认为他什么都知道了。"当我在圣安东尼奥的一个露天市场翻找时，我看到一块牌匾上写着以下的文字："青少年！厌倦了被父母骚扰？现在就采取行动吧。搬出去，找份工作，自己付账单。趁着你还什么都知道。"

青少年希望受到尊重、钦佩和接纳。他们认为他们必须表现出能达到这个目标的能力。他们不想显得愚蠢，所以他们给人的印象是他们很聪明。在内心深处，他们和你十几岁时一样缺乏安全感。他们正试图弥补这些不安全感。如果父母理解这个现实，他们就不会那么谴责青少年"无所不知"的态度了。

但是，我不是在谈论通过提问来获取知识的那种问问题。我说的问问题，是因为你真的很想认识人。这些问题源于这样一种信念，即每个人都是有价值的人，如果我问他们关于旅程的问题，我可能会学到一些在生活的常态中永远不会发现的"人生课程"。

除非父母有意教导他们，并给他们做示范，否则青少年不会学会提问的技巧。当你与家人共进晚餐时，他们是否听到你向你的配偶提问？你问过青少年对这个话题的看法吗？鼓励每个家庭成员就那个话题征求家庭以外的人的意见，并向家人汇报情况怎么样。如果提问是家庭生活不可或缺的一部分，那么青少年可能会将这种做法带给他们的同龄人和老师。

如果你的孩子对某项特定的职业感兴趣，为什么不找些从事该职业的人，并询问他们是否愿意与你的孩子谈论他们的职业旅程呢？让青少年列出他们可能会问的问题。诸如："你是如何对你的职业感兴趣的？它需要什么样的培训？你最喜欢你工作的哪个方面？你觉得什么最具挑战性？如果我想从事这个职业，你会给我什么建议？"大多数成年人都愿意谈论他们的生活，可惜大多数青少年不问问题，因为他们从未培养过提问的社交技巧。

如果你能让你的孩子轻松地与他的祖辈交谈会怎么样呢？你可以再次帮助他们列出他们想问的问题。当你十几岁的时候，生活是什么样的？你最喜欢什么，你最大的挑战是什么？当你十几岁的时候，你的父母是什么样的？作为我妈妈/爸爸的父母是什么感觉？他们十几岁的时候怎么样？然后还可以询问有关他们的职业、婚姻、信仰和其他话题的问题。希望这不会是一次"一次性"的对话，而是祖辈和青少年共度时光的一种生活方式。只要青少年表示有兴趣，大多数祖父母会很乐意谈论他们的人生旅程。

帮助你的孩子列出他们可以问同侪的问题清单。诸如：

- 你在哪里出生？
- 你小时候最早的记忆是什么？
- 你在学前班时喜欢做什么？
- 你在哪里上小学？
- 你最喜欢的老师是谁？谁是你最糟糕的老师，为什么？
- 今年你最喜欢的老师是谁？
- 你最喜欢的课程是什么？
- 你会如何形容你的母亲或父亲？

- 你有兄弟姐妹吗？他们是怎样的？

- 你认为你高中毕业后会上大学吗？你想去哪里？

- 长大以后，你认为你可能会做什么？

- 他们有青年营会吗？你最喜欢什么营会？

- 你最喜欢的运动是什么？

- 你最喜欢哪个队伍？

- 你会玩乐器吗？

- 你最喜欢的歌曲是什么？

学会表达对其他青少年生活感兴趣的青少年将建立有意义的友谊，并将发展出一种处理关系的技巧，这将在成人世界中使他们获益良多。

我时不时地会找些青少年，问他们上面提到的这些问题。他们通常很乐意给我答案。我感觉得到他们对我会对他们感兴趣感到惊讶。然而，这些青少年中很少有人问我关于我的童年、我的青少年生活或我的职业的问题。很明显，他们没有接受过提问技巧方面的训练。但同样，只要开始就永远不会太晚。

学会提问的青少年永远不会遇到一个下次见面仍然是陌生人的陌生人。他们彼此之间很可能会建立起牢固的友谊，并会发现这项技能是他们职业生涯中的一笔巨大财富。人们往往喜欢通过询问来表达对他人感兴趣。问题传达尊重和价值，以及所有人类都渴望的一些东西。

倾听的技巧

倾听和听见是两个不同的东西。我们可以听到每次击中我们耳膜的声音；我们听到远处有警报声；我们听到空调的嗡嗡声。除了聋人以外，听力是我们与生俱来的五种感官之一，不用我们做任何事就可以听到。而倾听则是一项后天习得的技能，需要我们付出努力。在别人说话时学会倾听这项社交技巧的青少年在生活中具有明显的优势。他们可能会建立更健康的关系，并且在他们的职业生涯中取得更大的成功。

父母如何教青少年这项重要的社交技能？与许多事情一样，它始于父母的榜样。一些父母面临的挑战是他们自己从未培养过这项技能。不过，好消息是我们都可以学会成为好的倾听者。那么，发展这项技能的关键是什么？

它始于对他人的重视。如果有人在跟我说话，那是因为他们有想要交流的东西。他们有想要我理解的想法和感受。如果我真的把他们当作一个人来重视，那么我会尽一切努力给予他们全部关注。理解和被理解是良好关系的基本组成部分。一旦我选择重视说话的人，我就会有很大的动力去学习成为一个好的倾听者的技巧。

在这些技能中，最重要的莫过于全神贯注。在我们这个容易分心的世界中，这可能是一个巨大的挑战。想想你上次倾听你的配偶或你的孩子说话是什么时候。当你在听他们说话的时候有没有在回短信？如果是这样，你只是在传达"外面"的某个人比他们更重要。（我理解极有可能你是一名医生或者是一个需要7天24小时待命的人。你至少可以说："我对你说的话很感兴趣。不要离开；让我看一眼手机确保这条消息不是紧急情况。"）我们大多数人都需要改掉有人和我们说话时看屏幕的习惯。当你在孩子说话的时候全神贯注，你就是在教他们倾听的社交技巧。

同样的原则也适用于其他容易分散注意力的事上，我们通常称之为多任务处理。当你整理办公桌上的文件、读书或清空洗碗机时，你当然可以听到孩子在讲什么话，但你并没有教他们有效倾听的技巧。比较好的做法是你可以说："让我把这个放进烤箱，这样我就可以全神贯注听你说话了。"这样，当你的孩子开始说话时，你正在实际地处理你手头的事情，但你也在传达你对他们所说的话很感兴趣这条讯息。全神贯注意味着进行眼神交流。当他们说话时，你不会越过他们的头或躺地板上来看他们。

用脖子来听，点头表示："我正在努力理解你在说什么。我和你在一起。"用你的背听，身体前倾而不是僵硬地坐着，身体略微向前移动表示："我正在全神贯注于你。"用脚来听，留在原地。如果你的孩子说了你不同意的话，请不要走出房间。请记住，倾听的目的不仅是要了解对方的想法，还要了解他们的感受。当你不同意孩子所说的话时，不要打断他们。听他们说。当孩子停止说话时，不要急于回答，而是问些问题来确保你已经理解了它们。比如"我想我明白你在说什么了，但让我确保我没听错。听起来你对我没有参加你的比赛感到失望。对么？"

当青少年感到被理解时，确认他们的想法和感受。"我知道你会感到有多失望。如果我处在你的位置，我可能也会感到失望。但我可以告诉你为什么我不得不错过比赛吗？"因为你肯定了他们的观点，他们很可能会听你的。每次你专心倾听你的孩子，你就是在教他倾听的社交技巧。

我所说的这种倾听被辅导员称为"移情倾听"。倾听是为了了解对方的想法和感受，而不是为了回应。它是让自己设身处地为说话的人着想，并试图通过他们的眼睛来看世界。是的，你最终会给出你的回应，但在你真正倾听并肯定对方之前，你的回应很可能不在点上。研究表明，普通人在打断并做出回应之前只听了17秒。如果你回答得太快，你的孩子将不会感到"被听到"。他们也不会学会如何善解人意地去倾听。

为什么有很多已婚成年人会去找人辅导？通常是因为他们觉得没有被配偶倾听或理解。我们不是天生的倾听者。在我们的头脑中，我们的感知被视为一种正确感知。所以我们会试图说服我们的配偶同意我们的看法。当我们都采用这种方法时，我们最终会发生争执，而且常常会大声说出刺耳的话。这样的争论永远不会导致理解。

善待他人的技巧

我将善意定义为旨在帮助他人的言行。哪个成年人不钦佩一个竭尽全力帮助别人的青少年？对于这个青少年来说，善良更多的是被捕捉到而不是被教导。他们会观察到你对他人的善意并可能随之效仿。当他们还是孩子的时候，你可以教他们表达善意。"告诉你姐姐她看起来有多漂亮。""帮妈妈把我撒的豆子捡起来。""我们去院子里帮爸爸。""我们去帮助娜娜，带她去杂货店。"同样，小孩子也喜欢帮忙。他们经常会问："妈妈，我可以帮你吗？"，如果他们在孩提时代就学会了通过帮助他人来获得满足感，他们很可能会将这种社交技能带入青少年时期。

然而，当他们成长为青少年时，他们往往会变得专注于自我，可能需要你的榜样来提醒他们，帮助他人是有爱心的人所做的事。当我穿过弗吉尼亚大学的校园时，我注意到通往卡贝尔礼堂的一扇门上的石头上刻着这样的话："你来这里是为了丰富世界，如果你忘记了这件差事，你就会变得贫穷。"你的孩子需要将这些话铭记在心。如果你将它们刻在木头上或写在纸上并展示在你的房子里，也许会有帮助。

良言可以鼓励那些听别人说话的人，并给说话的人带来一种有价值的感觉。在一天的时间里，也许可以让青少年仔细倾听他人说的良言，然后把它们写下来。你可以让每个家庭成员都做同样的事情，并在当晚的晚餐时报告，让它成为一个家庭游戏。记录最多良言的人将获得奖品。在听良言的过程中，青少年会更善于说良言。

最近，我在一个讲座中谈到了"仁慈"这个话题。之后，一个十几岁的女孩走过来对我说："查普曼博士，这是一次非常有帮助的讲座。这让我想起了我的父母是多么的善良。这也提醒我，我需要更加专注于善待他人。我特别喜欢你说的仔细倾听他人说的良言这一点。这周我会尝试这样去做。我会把它们写下来，下周给你看。"我感谢了她并告诉她我期待看到她所做的记录。紧接着的那个周日，她给我看了她的记录，真是令人印象深刻。一些评论来自学校的同学，一些来自她的父母和兄弟姐妹，还有一个来自她的祖母。她说："本周，我将尝试向其他人说出其中的一些话。"我称赞她并对自己说："如果听到那篇信息的每个人都像她那样付诸实践，那会怎样呢？"青少年和成年人需要被提醒良言的力量。

不过，善意也需要表现在行动上。我们听到人们谈论"偶然的善举"，例如在得来速①时为身后车内的人支付食物费用。这样的行为会给接受这种善意的人留下持久的印象。最近，我和妻子走出一家餐馆。当我停下来付钱时，那位女士说："哦，有人已经付了你的帐单了。"我震惊地说："真的吗？嗯，那真好。在那种情况下，我会回到桌子上并给双倍的小费，这让我感觉就像我也做了一件善事。"

善举并不总是涉及金钱。当我们走进一幢楼时，为成年人开门的青少年表达了善意。你有没有教你的青少年这种简单的社交技巧？当他们表现出这种善意的行为时，你的孩子可能会听到成年人的积极回应，这也会增强他们的自尊心。

帮助青少年在他们的生活方式中培养善举的一种方法是玩我们讨论过的"良言"的观察游戏。也就是说，让每个家庭成员寻找并记录当天观察到的善举。观察到次数最多的人将获得奖品。我们观察到他人善举的次数越多，我们就越有可能发展出这种社交技能。

与培养大多数社交技能一样，善举应该从家里开始。你最近是否问过你的配偶或青少年这个问题："今天或这周我能为你做些什么？"当他们听到你问这个问题，然后又看到你表现出一些善意的行为时，他们很可能会开始问你同样的问题。如

---

① 得来速：drive-through，即汽车购餐车道餐厅，不必下车就可以进行点餐、付款、拿取食物。

果没有，你可以考虑召开一次家庭会议，讨论为家庭中的彼此和家庭外的人做善事的价值。我相信，最幸福的青少年将是那些在言行上表现出善意的人，这将成为他们的一种生活方式。

想想看

1. 在 0—10 的范围内，你如何评价自己在这些社交活动中
   所表现的技能？

   · 表达感激之情

   · 问问题

   · 倾听

   · 善良

2. 假设每个人有"成长空间"，本周你想关注其中的哪些？
   你会采取什么步骤？

3. 你认为这些技能中的哪一项你的青少年孩子发展得最好？

   本周找机会为你所观察到的结果点头表扬他们。

4. 你觉得你的青少年最缺乏哪些技能？你将采取哪些步骤
   来帮助培养该技能？

5. 培养社交技能不是一周还是一个月就能完成的。但是，
   我们可以每周都朝着积极的方向前进。请记住，善待他
   人会增加一个人的自我价值感、乐观情绪和对生活的整
   体满意度。

第六章

如何教会青少年
以积极的方式处理愤怒

Things I Wish I'd Know
Before My Child
Became a Teenager

老实说，我希望在我们有青少年之前我就知道如何处理自己的愤怒。在我结婚之前我不记得有过愤怒的问题，在我们有一个十几岁的儿子之前我不记得自己有过愤怒的问题。不知道你怎么样？

稍后我会分享我的故事，但首先让我们试着了解愤怒的来源。为什么所有的人都会生气？我相信这是因为我们是有道德的造物。我们有对与错的感觉。当我们遇到我们认为是"错误"的事情时，我们里面的某个东西就会大喊："这是不对的！"伴随着这种想法而来的是强烈的愤怒情绪。

想想你上次经历愤怒是什么时候。你很可能会发现，在你的脑海中，有人对你不公平，或者某些事情不正常。这就是男人会对割草机生气的原因。"这东西不对劲！"这就是为什么每个人都会对计算机或打印机生气。这就是为什么丈夫和妻子有时会对彼此感到愤怒。这就是为什么父母对他们的青少年感到生气，以及为什么青少年经常对他们的父母感到生气。我相信愤怒的目的是激励我们努力纠正我们遇到的错误。所有伟大的社会改革都源于愤怒。人们采取行动来纠正社会中的错误。

　　然而，有时我们的努力却使事情变得更糟而不是更好。众所周知，人们会在愤怒的影响下烧毁建筑物、谋杀和实施其他暴行。丈夫和妻子因对愤怒管理不善而毁掉了他们的婚姻。许多年轻的单身成年人与父母的关系破裂是因为有人在愤怒中做了或说了一些什么。问题不在于愤怒。问题是被误导的愤怒，或不受控制的愤怒。

　　使问题更复杂的是，愤怒有两种。一种我称之为合理的义怒，是一种对既有错误的愤怒；另一种我称之为扭曲的愤怒，其实在整件事中并没有谁犯错，我们发怒只是因为我们没有得到自己想要的。我们在家庭关系中的许多愤怒都属于后一种。妻子对她的丈夫发火，是因为他在下班回家的路上忘了拿牛奶。然而遗忘并不是一个道德性的错误，这是人之常情。丈夫对他的妻子生气，是因为她没有以他所希望的方式"正确地"把碗筷放入洗碗机。父母因为青少年把头发染成橙色而生气。同样地，青少年可能会对拒绝让他们和朋友去海滩的父母生气。

　　扭曲的愤怒与合理的义怒一样真实，但我们需要学会区分两者。合理的义怒应该总是让我们以爱的方式去纠正我们所遇到的错误，以及面对犯了错误的人。另一方面，扭曲的愤怒应该引导我们去提出问题并以同理心倾听，试图理解对方为什么这样做。我们可能仍然不喜欢他们的所作所为，但我们需要意识到这是一个偏好问题，而不是道德失范。我们要学会接纳彼此的人性。每个人都是不同的，他们不会总是按照我们希望他们做的事情或我们希望他们做的方式去做。正如我们之前所讨论的，善解人意的倾听会让我们理解和接受他们，即使我们并不认同。

如果一个青少年违反了父母制订的规则，那么父母应该看到他们要为他们的决定承担后果。然而，这应该以一种充满爱心、仁慈而坚定的方式进行，而不是在盛怒之下说出严厉的话。我们必须控制我们的愤怒，而不是让愤怒控制我们的行为。我们的目的是帮助他们从错误中吸取教训，而不是谴责他们，从而激发出他们被拒绝的感觉。

苦学

那么，我们如何帮助青少年学会以健康的方式处理愤怒这一情绪呢？不幸的是，我的教训是惨痛的。我儿子14岁时，我和他发生了激烈的争吵。我甚至不记得是为什么问题而吵，但在愤怒中，我们都大声、严厉地批评了对方。在我们尖叫的比赛中，他走出房间，离开房子时"砰"的一声关上了前门。当门"砰"的一声关上时，我醒了。"我做了什么？"是我脑海中闪过的问题。"我怎么能对我爱的儿子说那样的话？"我坐在沙发上开始哭泣。我的妻子试图安慰我。她说："我不知道我们要对他做什么，但他必须学会尊重你。"但我心里知道，我和他一样有罪。当我妻子离开房间时，我向自己倾心吐意，并承认了我的失败。

我不知道我在沙发上坐了多久，回想着之前发生的一切，但最终，我的儿子从前门走了回来，我问他是否愿意和我坐在一起。他在金色椅子上坐下后，我说："我想为我和你说话的方式向你道歉。任何一个父亲都不应该像我那样来跟他的儿子说话。在我的愤怒中，我说了一些难听的话，我对你的感觉不是那样的。我很爱你，我想请你原谅我。"他回答说："爸爸，那不是你的错。是我先开始的。我不应该那样和你说话。当我走在路上时，我想请求你原谅我。"我俩哭泣着站起来，互相拥抱在一起。

当我们坐下时，我说："为什么我们不试着学习如何控制我们的愤怒，而是让愤怒控制我们？如果下次你生我的气时，你说：'爸爸，我很生气，我们可以谈谈吗？'我会坐下来听你说，试着理解你为什么生气。而且，当我生气的时候，我会告诉你，我们可以坐下来，我会试着解释我为什么生气。让我们看看我们是否可以用谈话的方式化解愤怒，而不是彼此谩骂。"他同意了，那是我俩的转折点。我们的计划奏效了。或者，也许我应该说我们完成了我们的计划。我们学会了如何承认自己的愤怒以及如何相互倾听。我希望我在十几岁时就能学会如何处理愤怒，但是显然我没有。不过好消息是，什么时候学习都不会太晚。我很高兴我在儿子十几岁的时候就学会了。

以下是一些以积极的方式处理愤怒的实用方法。首先，不要试图否认愤怒的感觉。这是一种健康的人类情感。它就像汽车仪表盘上的一盏灯，告诉我们需要注意某些事情。其次，在说话之前花点时间思考。小时候，妈妈曾对我说过："生气的时候，先数到十再说。"我觉得妈妈的想法是对的，但如果你要数数，我会建议你至少应该数到一百再说，让自己有充分的时间冷静下来。

你也可以边数边散步。在你停下之后，问问自己："这是合理的义怒还是扭曲的愤怒？他们是做错了什么，还是只是没有按照我认为他们应该做的去做？"无论是哪一个，我们都需要以积极的方式来处理愤怒。

管理不善的愤怒总会让事情变得更糟。如果是扭曲的愤怒，首先要承认自己和其他人一样以自我为中心。你希望别人做你认为他们应该做的事。因父母不允许她周末和朋友去海滩而对父母生气的青少年会认为她的父母不公平。那么学会以积极的方式处理扭曲的愤怒的青少年会如何回应呢？散步后，她会对父母说："对不起，我生气了。只是我真的很想去海边，我觉得你们不让我去是不公平的。我知道你们是我的父母，我需要尊重你们的决定。你们能帮我理解为什么做出这个决定吗？"大多数读到这里的父母可能会说："我无法想象我的孩子会有这样的反应。它听起来很不现实。"我完全承认，这不是大多数青少年回应愤怒的方式。为什么？因为他们还没有学会以健康的方式处理愤怒。

我们学到的愤怒

但是，如果不向父母学习，他们将如何学习呢？事实上，成千上万的青少年从未学过以积极的方式处理愤怒，而且他们会把这种缺陷带入成年期。这会导致他们自己的婚姻出现问题，而他们自己的孩子很可能会效仿他们。一代又一代，不受控制的愤怒会导致严重的人际关系问题。作为父母，我们有机会帮助我们的青少年学习如何以积极的方式处理愤怒。如果你还没有学会处理自己的愤怒，也许你可以像我一样向你的孩子道歉。这通常是拆除父母与青少年之间敌对之墙的第一步。

父母该何去何从？如果是扭曲的愤怒，你可以对青少年说："我很生气，我知道你所做的并没有错，但我想让你知道我的感受。当你做或说时，我感到受伤和生气。我可以解释一下为什么吗？"然后你可以解释你的想法和感受并问："你明白我在说什么吗？"让他们回应，然后再说："我知道你对此有看法，我愿意听取你的意见。如果我能理解你的想法和感受，我认为这会对我有所帮助。"

倾听他们的回应并肯定他们的想法和感受。"如果我设身处地，我可能会和你有一样的想法和感受"，这句话永远是句真理。如果你处在他们的人生阶段并拥有他们的个性，你可能会感同身受。然后你可以问："你认为我们可以如何解决这个问题？"很有可能，你会发现青少年乐于做出改变；也可能是你改变了主意。无论如何，我们是在寻找解决方案，而不是挑起战争。

如果你认为你的配偶、青少年或其他任何人对你或其他人做了有违道德的事，那么你可以采用类似的方法。在这种情况下，你要告诉对方你为什么认为这样做是错的，并询问你是否误解了他们所说或所做的事情。道德失范需要道歉和饶恕，我们将在第7章中更全面地讨论这一点。如果没有道歉和饶恕，冒犯就会成为你们两人之间的情感障碍。如果有真诚的道歉和真正的饶恕，障碍就会被移除，关系就能向前发展。我们所有人都需要不时地道歉，因为我们都不是完美的。

学习如何以健康的方式处理愤怒的青少年成年后可能会拥有良好的人际关系。另一方面，不受控制的愤怒导致了许多年轻人失去工作、婚姻破碎、孩子受伤。所以，花时间和精力教你的孩子如何以积极的方式管理愤怒是值得的。

想想看

1. 在你十几岁的时候，你的父母有没有教过你如何处理愤怒？如果是这样，他们的努力效果如何？更重要的是，他们是如何处理愤怒的？

2. 你如何处理自己对生活中的人的愤怒？

3. 你最后一次观察到你的青少年无法控制自己的愤怒是什么时候？你的反应是什么？你对这个回应感觉良好吗？

4. 当你的孩子感到生气时，你愿意邀请他们告诉你吗？请告诉他们我们所有人都会生气，请让他们知道你愿意倾听他们的担忧。

5. 你认为下一步需要做什么来帮助你的青少年学习如何以健康的方式处理愤怒？

第七章

如何教会青少年道歉和原谅

Things I Wish I' d Know
Before My Child
Became a Teenager

青少年永远不会完美；做父母的也不会。我们不需要完美无缺才能拥有良好的人际关系。难道我们不为此感到高兴吗？然而，我们确实需要有效地处理我们的失败。这包括道歉和饶恕。不道歉的成年人可能会留下一段破裂的关系。因此，确保你的青少年知道当他们错待某人时如何道歉以及当其他人冒犯他们时如何原谅是非常重要的。

大多数父母在孩子还小的时候就开始了这个过程。小亨利踢倒了他姐姐在她卧室里建造的积木塔。他的母亲说："亨利，那是错误的。去告诉你姐姐你很抱歉，请她原谅你。"我们希望小亨利会说："对不起。你会原谅我吗？"即使他不真诚，他也会明白到当我们欺负别人时，我们需要道歉。妈妈也可能会请求他姐姐原谅他。姐姐可能仍会不高兴，但她可能会说："我原谅你。"同样，这些是教孩子们道歉和原谅的基本步骤。

然而，关于道歉和饶恕还有很多东西需要学习。青少年时期为父母提供了在童年打下的基础上进行建造的时间。几年前，我对人们如何道歉进行了广泛研究，并与詹妮弗·托马斯（Jennifer Thomas）博士合著了一本书，书名是《道歉的五种语言》。我们问了成千上万的人两个问题：“当你道歉时，你会说什么或做什么？当有人向你道歉时，你想听他们说什么或做什么？”他们的回答分为五类，我们称之为“道歉的五种语言”。

我们发现人们对真诚的道歉是什么样子的有着截然不同的看法。当有人向我们道歉时，我们会根据自己对真诚道歉的看法来判断他们的诚意。这就是为什么有些道歉对我们来说似乎很蹩脚，我们发现很难去原谅。

了解五种道歉的语言将为父母提供一种工具来教他们的孩子如何有效地道歉。这里简单总结一下道歉的五种语言。

1. **表达遗憾：**这通常是用“对不起”这句话来完成的。然而，我们绝不能停留在这几个字上。告诉他们你为什么感到抱歉。“对不起，我发脾气，对你大吼大叫。”“对不起，我取笑了你的新衣服。”如果你只说“对不起”，被冒犯的人可能会想，“你当然该说。”他们想知道的是：“你真的后悔自己的所作所为吗？你知道你伤我有多深吗？你会因为你的所作所为而感到痛苦吗？”当你陈述你对他们具体冒犯的内容时，他们更有可能相信你是真诚的。

我们经常犯的一个错误是在道歉之后加上"但是"一词。"我很抱歉我发了脾气，但如果你没有……我就不会……"当你说这些的时候，你就不再是在道歉了，而是在把自己的不良行为归咎于他们。如何改掉加"但是"的习惯？下次当你听到自己说"对不起，我发脾气了，对你大喊大叫，但是……"停顿一下，然后说："对不起。请把这个'但是'去掉。我很抱歉，我发了脾气，对你大喊大叫了。"大约第三次你就会改掉这个习惯。

请避免习惯性地说"如果我说的话冒犯了你，我很抱歉"，这不是道歉。你是在责怪对方被冒犯了。我的合著者对她在电视上听到或在报纸上读到的民间领袖的公开道歉做了记录，这是她观察到的最常见的说法之一。显然，他们的父母从未教过他们如何表达真正的歉意。

2. **承担责任：**"我错了。我不应该那样做。"从本质上讲，如果青少年认为自己的行为令父母不悦，他们就不会为自己的行为承担责任。一个青少年说："我没有买香烟，是科里买的，他们让我尝试一下。这就是我所做的一切，我只是吸了一口。"然而事实上，他的外套口袋里有一包香烟。承认他们错了对一些青少年来说很难，因为他们害怕后果，但这需要成为真诚道歉的一部分。顺便说一句，这应该是教幼儿如何道歉的第一步。记得我儿子六七岁的时候。我们一起在厨房里，他不小心把桌子上的玻璃杯打翻

了，杯子撞到地板上摔碎了。我转身看着他，他说："是
它自己碎的！"我说："让我们换一种说法。"我不小心
把桌子上的玻璃杯碰碎了。"他流着泪说："我不小心把
桌子上的玻璃杯碰碎了。"他没有受到任何应受的惩罚。
我只是想帮助他为自己的行为承担责任。

有些成年人很难说："我错了。我不应该这样做。"通常
这些成年人在他们童年或青少年时期被父母辱骂过。即便
他们已经成年，诸如"你从来没做对过任何一件事"之类
的说法仍然在他们耳边回响。在他们成长的过程中，在他
们心里的某个地方，会对自己说："当我长大成人后，我
就再也不会犯错了。"他们发现自己很难承认做错了什
么，因为这样做就意味着："我的父母是对的，我永远都
不能把事情做好。"父母需要帮助青少年明白，承认错误
是坚强的表现，而不是软弱的表现。为自己的不良行为承
担责任是真诚道歉的重要组成部分。

3. **提出赔偿：** "我能做些什么来弥补这一点？我该如何补偿
   你？我知道我伤害了你，而且我感觉很糟糕。"这个道歉
   对许多人来说是响亮的。"对不起，我错了"是不够的。
   他们想知道你将如何纠正这种情况。通常，他们会知道你
   应该做什么。作为父母，你有没有主动提出要赔偿你曾经
   恶劣对待过的人？你有没有对你的配偶说："亲爱的，我
   知道我错了。我对此感到难过。我怎样才能和你和好？"

对于某些人来说，如果你不主动提出想要"纠正错误"，你就没有真正在道歉。

青少年需要学习这种道歉的语言。假设你和你的孩子在免下车快餐店吃午饭。当你在路上开车时，他吃午饭。吃完后，他将装有垃圾的袋子扔出车窗。你会怎样做？有些父母会愤怒地大发雷霆，说："不要那样做。你知道那是错误的。"如果仅此而已，青少年可能会说："对不起。"或者他可能只是耸耸肩，不加评论。然而，如果家长平静地说："你知道那是违法的，对吧？事实上，如果你被抓到乱扔垃圾，将被处以一百美元的罚款。所以我们要回家拿一个垃圾袋，然后我再带你回来，让你能捡起你的垃圾。当我们做错事时，我们需要改正。"

4. **表达改变的愿望**："我不喜欢我所做的。我不想再那样做了。你能帮我一把，让我不再那样做吗？"一个少年对他爸爸说："是的，我从你的皮夹里拿出了10块钱。我知道这是错误的。我不是在找借口。我以前确实做过一次，但没有被抓到。从那以后它一直困扰着我。我再也不想重蹈覆辙了，你能帮助我吗？"慈爱的父亲或许会给他这样的建议："以后，你可以问我有没有什么工作可以帮我挣到这10块钱？一般我都会想到的。或者，如果我认为你能明智地使用这10块钱，我可能就会把它给你。"他可能还会补充说："我会原谅你，因为我相信你是真诚的，但为了让你感觉好一点，你能不能把后院的树叶耙一下，以报答我这10美元？"在给出这个方案后，他通过最后一句话教导了孩子赔偿的概念，这样他的儿子就不太可能重蹈覆辙了。

5. **请求原谅：** "你能原谅我吗？我爱你，对不起我伤害了你。希望你能原谅我。"这为被冒犯的人打开了原谅你的大门。我们不能强迫别人原谅我们，但我们可以请求原谅。有些人可能会问："为什么我必须请求饶恕？难道他们不知道我是在道歉，我想被原谅吗？"也许吧，但对于某些人来说，请求饶恕是真诚道歉的一部分。当你请求某人原谅你时，就是承认你知道自己的冒犯在你和他们之间设置了障碍，并且在他们原谅你之前不会移除。

学会说所有五种道歉语言的青少年长大后可能会拥有良好的人际关系。当他会说这五种语言时，他将有效地传达他的诚意。那么，父母如何教青少年道歉呢？向你的配偶、你的孩子和其他你可能伤害过的人说出这五种道歉的语言。在我们还是青春期的时候，我们大多数人都没有学会说这些道歉的语言。我们的父母可能已经教过我们其中的一两个，当我们需要道歉时，我们自然会说所熟悉的这一两个。好消息是，你可以在成年后学会说这些语言。是的，第一次尝试时会显得不自然，但每次说过后都会比上一次更容易。

在你开始口头表达每种语言之后，你的孩子会注意到他们所听到的是他们以前从未听过的东西。然后你可以就如何有效道歉开展家庭讨论，在讨论中你可以分享五种道歉的语言，让每个家庭成员大声向着家里的其他人说出来，这样的试运行，是为了让我们为需要道歉的时候做好准备。它会变成某种游戏，并且可能会带有一点幽默感，不过青少年确实在学习建立积极关系的基本技能。

在我们的研究中，我们发现大约10%的成年人从不为任何事情道歉；其中大部分是男性。他们从他们的父亲那里学到了这一点，他们说："真正的男人是不会道歉的。"这完全是错误的。真正的男人才会道歉。事实上，如果他们不学会道歉，他们就不会拥有健康的人际关系。不要让你的青少年成为具有这种态度的成年人。真正的男人和女人会认识到他们并不完美，并愿意承认这一点。

饶恕

仅仅道歉并不能恢复关系。必须有对道歉的回应。允许关系向前发展的反应是饶恕。饶恕是赦免冒犯者的决定，它移除了冒犯所造成在你俩之间的障碍。当我们深受伤害时，可能很难原谅。我们的正义感促使我们让他们为自己所做的付出代价，而我们的同情心促使我们选择仁慈而不是正义。在社会中，正义要求罪犯承担其行为的后果。这是政府的职责之一。
然而，在人际关系中，仁慈才能带来和解。当有真诚的道歉和
真正的饶恕时，关系就可以恢复。许多家庭关系因缺乏道歉或
拒绝原谅而破裂。学会饶恕的青少年将摆脱怨恨、蓄积的愤怒
和仇恨。所有这些都会对身心造成负面影响。饶恕可以增强身
心健康。

　　饶恕不是一种感觉，而是一个决定。在我们受伤的时候，
我们可能认为饶恕是给了冒犯者一个大便宜。但是，当我们
拒绝原谅时，关系就无法向前发展。由冒犯造成的情感障碍仍
然存在。我们在情感上是疏远的，它会表现在我们的行为中。
如果不原谅，我们就会远离这个人，而不是接近他们。当我们
未能原谅已经道歉的朋友或配偶时，我们正在做出停止前进的
决定。我知道当我们受到虐待时，可能需要一些时间来克服痛
苦，但在某些时候，我们必须做出原谅并继续前进的决定，或
者拒绝原谅并接受破裂的关系。

　　有些事情是饶恕做不到的。它不会破坏我们的记忆。你可
能听有人说过："如果你没有忘记，你就没有原谅。"那不是
真的。发生在我们身上的每一件事都存储在人脑中。它会时不
时地从潜意识跳到意识层面。你会记得发生之事的细节。他们
所作所为的生动画面将在你的脑海中滚动，他们伤人的话会在
你耳边响起。你无法阻止这样的回忆浮现在脑海中。然而，你
不必沉溺于这样的回忆。你需要提醒自己，"是的，它确实发

生了，而且很糟糕，但我选择了原谅。现在我想专注于重建我们的关系。"

伴随着回忆而来的往往是强烈的情绪，例如伤害、愤怒和失望。饶恕不会摧毁我们的情绪。当回忆和情绪在道歉并且你选择原谅后又回来时，不要试图忽视它们。相反，去面对它们说出你的记忆和感受，然后你向你已经原谅的人表达爱。你的爱会激发他们的爱，如此，使关系能够向前。

饶恕不能重建信任。我第一次发现这一点是在为一对夫妇提供咨询时，他们中的一个在性关系上不忠。出轨的一方断绝了不正当关系，并真诚地向配偶道歉。配偶选择了原谅他。然而，在我的办公室里，被得罪的配偶会说："我已经原谅了他，但老实说，我并不信任他。"饶恕不会恢复信任。必须通过值得信赖的行动来赢得信任。所以我对道歉的一方说："如果你想被信任，让你的生活成为一本打开的书。允许你的配偶可以自由地访问你的电脑、手机和你生活的方方面面。"你的态度应该是："我的生活是一本打开的书。我深深地伤害了你。我再也不想欺骗你了。"如果你采取这种方法，你的配偶会在适当的时候再次信任你。

饶恕所做的是为以下的可能性打开大门：信任可以重生。如果你的孩子骗了你逃学和朋友去湖边，他的道歉不会重建你对他的信任。当他们表明自己是值得信任时，信任会来得很及时。这是成人和青少年需要学习的现实。

饶恕不能做什么？

饶恕并不能消除所有错误行为的后果。也许你的孩子选择在毒品或酒精的影响下开车，结果出了事故。他可以道歉，你可以原谅，但车还是坏了，也许有人骨折了或者更糟。让青少年承受他们行为的后果是教育他们的一部分。许多父母试图通过消除后果来帮助他们的孩子。我见过有的父母立即给青少年买了一辆新车，支付了青少年酒后驾车的交通罚单，并消除了青少年不当行为的所有其他后果。在我看来，这是一个严重的错误。我们爱他们，我们原谅他们，但我们要让他们体验到错误行为的真实性。经验有时是一位严厉但有效的老师。一个青少年对我说："在监狱里度过了三个晚上之后，我清醒了过来，意识到我做了一件多么愚蠢的事情。我当时就下定决心，再也不会酒后驾车了。"

另一个现实是，当我们冒犯了别人时，我们不能强迫他们原谅我们。我们可以道歉，但我们必须给他们选择原谅或不原谅的自由。如上所述，我们必须给他们时间来处理他们的情绪。如果他们受到了很深的伤害，他们可能需要一些时间才能准备好真诚地给予饶恕。永远不要因为他们没有立即原谅你而谴责他们。

　　有时我们会受到家人或其他人的委屈，但他们不道歉。那怎么办呢？如前所述，我相信我们怀着爱心面对他们，从而为他们的道歉敞开了大门。我们没办法改变他们让他们道歉，但我们可以让他们知道，他们的所作所为深深地伤害了我们。如果他们重视这一关系，他们可能会及时道歉。然后我们才能真诚地给予饶恕。和解只有在真诚的道歉和明确决定原谅之后才会到来。

　　在教你的孩子道歉和原谅时，你的榜样和指导一样重要。一些父母对我说："如果我向我的孩子道歉，他们会不会不再尊重我？"答案是否定的。你会赢得他们的尊重。因为他们已经知道你做错了，而你的道歉正大声告诉他们当他们做错时该怎么做。相反，当你的孩子向你道歉时，你的饶恕会教会他如何饶恕他人。如果你的孩子学会了如何道歉和饶恕，那么他们就会将建立良好人际关系的基本要素带进他们的成年。

想想看

1. 你学会道歉了吗？你还记得上一次向别人道歉是什么时候吗？结果如何？还有需要向谁道歉吗？

2. 在你十几岁的时候，你的父母是怎么教你道歉的？你希望他们有什么不同的做法？

3. 你有意或无意地教给你孩子什么有关道歉的知识？你最后一次听到他们向你或其他人道歉是什么时候？

4. 你愿意给你的孩子（或每个家庭成员）一本《道歉的五种语言》，并在家庭会议上讨论它们吗？

5. 有没有人已经向你道歉，但你还没有选择原谅他们？你需要什么才能做出原谅的决定？

6. 有没有人伤害了你却不道歉？你有没有以爱的方式去面对他们对你的伤害，从而打开大门让他们道歉？

第八章

如何指导青少年做出明智决定

Things I Wish I'd Know
Before My Child
Became a Teenager

我知道孩子们没有指导就无法生存。我也知道父母通常是他们孩子的主要向导。我在咨询中遇到的最悲伤的事情之一就是父母通过缺席或虐待放弃了父母的角色。所以我致力于给我的孩子们以指导。令我没想到的是，在青春期，孩子对父母指导的需求会增加。在孩子 13 岁之前，做出错误决定的选择有限。孩子生活在父母制订的某些参数范围内。然而，在青春期时，世界充满了机遇，做出改变生活的决定的可能性增加了。

其中有些决定是积极的。我们的女儿很早就决定要成为一名医生。因此，在高中时，她学习了四年的拉丁语和多门科学课程。这为她在大学的医学预科专业做好了准备。然而，有些青少年做出的决定并不是那么好。是的，与小时候相比，青少年需要更多父母的指导。作为父母，我们想要的是让我们的青少年在青春期和成年后都能发挥他们为世界造福的潜力。父母的指导在帮助这个梦想成为现实方面发挥着关键作用。

我们的目标不是控制我们的青少年所做的决定，也就是说，为他们做决定。我们的目标是帮助他们做出明智的决定。虽然我们经常听到同侪之间的压力，但研究清楚地表明，父母的影响对青少年的决定影响最大。这种影响是积极的还是消极的取决于两件事：亲子关系和父母的道德品质。如果父母不遵守自己的道德信念，青少年就不太可能听取他们的建议。父母声称他们所相信的与他们实际的生活方式之间的差距越大，青少年就越难以尊重父母。对于这些父母，真诚的道歉和改变他们过去的行为模式应该成为起点，我们在第7章中讨论过。

爱心、榜样、教学

假设父母在情感、心理和精神上都健康，那么重点就需要放在与青少年建立爱的关系上。如果青少年感受到父母深深的爱，他就会受到父母榜样和建议的极大影响。当青少年相信父母想要给青少年最好的东西，而不只是简单地试图将自己的喜好强加给青少年时，他们会更容易遵从父母的要求或建议。正如我们在第3章中讨论的那样，始终如一地学习和说出青少年的主要爱语，将大大有助于在父母和青少年之间建立情感纽带。我们在第5章中讨论过的提出问题和同理心倾听的社交技巧将帮助青少年感到被重视、被理解和被尊重。

父母的指导包括尝试建立榜样和教导青少年做出明智的决定。潜在的现实是每个决定都会产生后果。我们每个人都必须接受我们自己决定的结果。这种现实的深度并没有深入到大多数青少年的脑海中。青少年倾向于活在当下。如果它看起来很有趣，如果他们的朋友正在这样做，那么"为什么不试一试呢？"是很多青少年的态度。

父母可能会用自己的错误决定来证明后果的真实性。我记得一位患肺癌的父亲对十几岁的儿子说："我最后悔的事情之一是，我在14岁时开始抽烟。我得了肺癌是因为我做了那个决定。我希望你比我十几岁时更聪明。"他的儿子说："爸爸，我知道你小时候，人们不知道吸烟会导致肺癌。现在我们知道了。你不必担心我使用烟草产品。我爱你，爸爸。"我的父亲告诉我，"那是一次我永远不会忘记的谈话。"青少年可以通过观察父母做出的错误选择来学习，但是当父母承认他们的错误决定时，所传达的信息会更有力。

父母还可以通过引起他们的青少年关注其他青少年做出错误决定后的痛苦后果来影响他们。分享一篇关于某人在车祸中丧生的文章，因为这名青少年在酒精或毒品的作用下驾车，这可能会使你的青少年清醒。不要向他们说教。只要说："我想你可能想读这个。我真的很难过。你能想象那个年轻人的感受吗？"或者，如果你和你的孩子一起在看电视新闻，看到一个关于严重事故甚至犯罪行为的故事，你可以简单地说："这让我想哭。那个决定永远毁了他的生活。"你不必自以为是地说这个年轻人有多愚蠢，也不必警告你的儿子或女儿永远不要做这样的事情。他们不需要你给他们布道就已经得到了信息。

"试一试"的危险

在我们的当代世界中，青少年需要父母指导的一个领域是应对阿片类药物、酒精、大麻、烟草和电子烟的吸引力。他们的许多同龄人会敦促他们"试一试"。研究明确表明：大多数对酒精或药物上瘾的成年人都是从青少年时期开始的。他们不打算成为瘾君子。他们只是想玩得开心。我从未见过一个成年人在青少年时期就选择不饮酒或不吸毒，但后来对自己的决定后悔的。我遇到过成百上千的成年人，他们在十几岁的时候就选择了"试一试"，但他们对自己的决定深感后悔。

也许你可以给你的孩子一个挑战，让他为你做一个小的研究项目。记住，研究人员是有报酬的，所以如果他们愿意用网网络搜索特定药物（大麻、可卡因、阿片类药物）的负面影响并给你一份报告，那么就请按每小时给他们工资。或者，你可以要求他们进行研究，看看谁能找到有关该主题的最多信息。13个小时是做这个项目的理想时间。青少年越早了解真相，他就越有可能做出明智的决定。同时，你也有可能想通过网络了解去年有多少人因酒后驾车而在车祸中丧生。

显然，父母对酒精和毒品的看法各不相同。有些父母本身就是瘾君子。其他人提倡适度饮酒或吸烟。我们要问的一个问题是：你想让孩子效法你吗？如果你的回答是"是"，那么你很可能会在那个方向上影响他们。如果你的回答是"否"，那么也许可以先从改变你自己的行为开始。

青少年、性与指导

真希望我们能在孩子成为青少年之前很久就开始在家中进行性教育。如果是这样，那么父母只需要在那个基础上建造就行了。然而即便如此，到了青少年时期，家长也千万不要忽视这个话题。现代文化关于性的声音是极度扭曲的。青少年迫切需要你在这方面的正面影响力。有些父母发现这很困难，因为他们不知道从哪里开始。如果你欢迎青少年就一些话题提出问题，他们可能会问与性有关的问题。这是谈论性最自然的开场白。然而，如果青少年不提问，家长就必须主动将青少年的注意力转移到这个话题上。

最简单的方法之一是给青少年一本以符合你自己观点来处理性问题的书（这意味着你必须先阅读这本书）。请青少年阅读，如果他们觉得有帮助，让他们告诉你。这是一种开放讨论而非威胁型的方式。

帮助青少年做出与性有关的明智决定极其重要。我曾在咨询办公室处理过一些令人悲伤的事情，我听有的父母说他们十几岁的女儿怀孕了，或者他们的儿子患有性病。你的孩子需要你的指导来理解性行为。就此主题进行公开对话可以帮助青少年做出明智的决定。我知道我们无法控制青少年的行为，但我们可以帮助他们了解我们做出的每一个决定都会产生后果。清楚地了解这一现实可以帮助他们做出明智的选择。

尊重

青少年在尊重成年人方面需要指导，尤其是那些与他们互动的人，例如学校教师、教练、祖父母和校车司机。许多老师抱怨说，他们最大的问题是学生对他们的不尊重。仅仅维持课堂秩序就是一项重大挑战。教练往往会得到更多的尊重，也许是因为学生知道他们若不听从指示，他们将被踢出队伍。当校车上出现扰乱行为时，许多校车司机也会前来向家长和校长投诉学生。越来越多的祖父母说："我无法相信我的孙子们来到我家时竟然无视规则。这使我不愿意让他们过来。"当然也会有些老师、教练、意见领袖和其他人滥用职权的情况，这有时会造成毁灭性的后果。然而，我们不能忽视那些处于这些位置的好仆人，因为他们真诚地想要帮助人们。

为什么我们会看到这种不尊重在我们的文化中增长？我相信其中很大一部分可以追溯到未能给予指导的父母。缺席的父亲或虐待孩童的父亲让年轻人失去了可尊重的榜样。这些青少年中的许多人都充满了愤怒，因为他们感到不被爱和被拒绝。

他们对权威的不尊重是他们表达愤怒的方式。我非常同情在没有青少年父亲帮助的情况下抚养青少年的单身母亲。我会敦促这些母亲尽一切努力寻找一位可信赖的男性，作为这些年轻人的第二父亲。我还敦促民间组织为儿童和青少年提供相应的课程。学会尊重我们遇到的每一个人，是植根于所有人都具有同等价值的信念。像你希望被尊重那样尊重他人是所有青少年都需要学习的一课。

再说一遍，作为家长，你是如何树立尊重他人的榜样的呢？当父母对不同种族或文化的人，或对从事某些职业的人发表贬损性评论时，这给了青少年做同样事情的自由。我们都深受我们成长的家庭和我们生活的文化的影响。因此，从我们的历史来看，我们可能对某些人群产生了消极态度。作为成年人，我们必须评估过去养成的态度。这样的评估很可能会导致我们改变我们的想法，从而改变我们对待他人的方式。

我们教导尊重的另一种方式是，当我们听到孩子表达对他们的母亲、父亲或其他家庭成员的不尊重时，我们需要口头纠正他。青少年需要听到的信息是："我们家庭的每个成员都很重要。我们会互相尊重。"当青少年未能这样做时，必须给予适当的后果。当我们拥有这种家庭氛围时，青少年就学到了尊重他人的第一课，也是最基本的一课。

如果家长得知青少年不尊重老师或其他任何人时，应该采取同样充满爱心但坚定的行动。信息需要明确："那不是我们待人的方式。"从本质上讲，成人和青少年都是以自我为中心的。我们倾向于评判那些与我们不同的人。我们不希望别人告诉我们该做什么。当我们觉得别人试图控制我们时，我们就会反叛。这种叛逆往往会导致伤害对方和自己的行为。学会控制愤怒，并以友善和诚实的态度对待冒犯我们的人，更有可能使问题得到令人满意的解决。在尊重他人的挑战中成长对成年人和青少年来说很重要。

我们承认青少年会做出许多决定，每一个决定都会使他们的生活变得更好或更糟。我们给出了十二个问题让青少年在做出决定之前可以问问自己。我在这里列出它们，是希望可以让家长们与他们的青少年分享。

- 这会对我的健康产生负面或正面影响吗？
- 这将如何影响我清晰思考的能力？
- 这个决定将如何影响我的父母或其他成年人对我的关心？
- 这个决定违法吗？
- 这个决定在道德上是对还是错？
- 这个决定将如何影响我的兄弟姐妹？
- 我是否受他人影响做了一些我真的不想做的事情？
- 我会坚持我认为正确的事而不是屈服于他人的压力吗？

- 这个决定将如何影响我未来的教育？

- 这个决定符合我的信仰吗？

- 5年后我会为自己做出这个决定感到高兴吗？

- 这个决定是否帮助我成为我想成为的人？

青少年需要指导，在帮助他们做出明智决定方面，没有人比父母更有影响力。如果青少年做出错误的决定，作为父母，我们爱他们，但也允许他们承受他们决定的后果。有时经验是最好的老师。学会做出明智决定的青少年很可能在成年后也能做出明智的决定。

想想看

1. 你的父母对你十几岁时做出的决定有什么样的影响？你想在哪些方面效仿你的父母？你希望在哪些方面有所不同？

2. 你认为你与孩子的关系健康到什么程度？你可以采取哪些措施来加强这种关系？

3. 你知道并会坚持说你孩子的主要爱语吗？

4. 当孩子想说话时，你会全神贯注吗？即使你不同意他们，你是否学会了肯定他们的想法和感受？

5. 你觉得你的孩子在什么方面最需要你的指导？他现在的年龄是多大？

6. 本章中哪些内容对你最有帮助？

第九章

如何培养青少年的服务态度

Things I Wish I'd Know
Before My Child
Became a Teenager

我走进当地银行的大堂，柜员笑着说："今天有什么可以帮到你的吗？""只是一笔简单的存款，"我说。她负责处理交易并说："下午好。""你也一样。"我说。从那里我开车去当地邮局邮寄包裹。我排着队等待，最后终于站在了服务员面前，他什么也没说。"我需要邮寄这个包裹。"我说。他接过包裹称了重，仍旧一言不发。"九块七毛六，"他说。我给了他一个 10 块钱，他给了我零钱。我说："谢谢。"他点了点头。我不知道是不是公司政策导致了这两次相遇的差异，还是其中一个的父母教导了为他人服务的乐趣而另一个则没有。但我知道我想让我的孩子效仿哪一个。

人生最大的乐趣之一就是为他人服务。阿尔伯特·史怀哲是一名医生，他没有将自己的生命投资于赚钱，而是去非洲帮助那些很难获得医疗服务的人。在他生命的尽头，他获得了诺贝尔和平奖。他的名言是："你们中间唯一真正快乐的人是那些寻求并找到如何服务他人的人"，这是他的经验之谈。据我观察，那些过着以自我为中心的生活的人很少能找到真正的幸福，而那些选择为他人服务的人却能找到深深的满足。

可能许多人都会同意，为人类服务的伟人对历史上所有人都产生了最大的积极影响。如果你读过他们的故事，你会发现那是一种献身于为他人服务的生活，他们的一生，"……不是要受人服侍，乃是要服侍人。"他指示他们的人生圭臬正是爱人如己，彼此互助。

他们带领追随者效仿他们的生活方式，因此也会对世界产生积极的影响。这样的例子在历史上数不胜数。数以千计的教育机构、医院、孤儿院和其他慈善组织的诞生，都源于那些抱着为他人服务态度的人们。

孩子不会天生就有这种态度。我们天生就是以自我为中心的。如果我们听任自己的自然本能，我们就会照顾好自己，并希望其他人也这样做。然而，如果我们有一种服务的态度，我们当然会照顾到自己的需要，不过我们的动力会是为了帮助别人。这样的生活方式可能会带来财富、地位和荣誉，但这些也会用于为他人服务。另一方面，那些选择以服务他人为生活方式的人可能永远不会积累到财富或地位。因为他们意识到生命的真正意义不在于这些东西，而在于将自己的生命投入到为他人的服务中。

做一个给予者，而不是索取者

那么父母如何帮助青少年培养服务态度呢？没有什么魔杖

或秘方，但我相信父母首先必须确信他们想亲自给世界留下一个比他们发现时更美好的地方。他们想成为"给予者"而不是"索取者"。如果这是父母的态度，那么他们就会以同样的态度抚养孩子。服务的态度更多是习得的而非教授的。在我十几岁的时候，我记得我父亲在邻居生病时为他们割草，并从我们的花园里带食物给有需要的人。我记得我妈妈做饭并带给别人。我不记得他们曾经告诉过我应该为他人服务，但在某处，我明白了。

　　"有什么可以帮你的吗？"是所有想要寻求为他人服务的青少年的家庭都应该问的问题。妈妈在问爸爸这个问题，爸爸也在问妈妈这个问题。他们都会问他们的青少年这样的问题。我预计在将来某个时候，这些青少年会开始问他们父母同样的问题。培养服务的态度始于家庭。在许多方面，爸爸妈妈们已经在为他们的孩子服务，同时彼此服务。可能是出于责任感，也可能是出于爱，但如果不为其他家庭成员提供某种程度的服务，家庭就无法生存。请记住，爱本身是一种态度，而不是一种感觉。服务不过是爱的表达。爱是一种态度，仿佛是在对自己说："我要丰富我家人和家人以外的人的生活。我想让世界变得更美好。"将服务他人放在首位的家庭成员会提出类似"我能为你做些什么？"或者"我能为你提供什么帮助？"这样的问题。

　　招募你的孩子来一起做你在家庭以外所从事的义工吧，这样可以帮助他们获得从帮助他人而来的满足感。我们孩子十几岁的时候，我让他们一起参与了我的一个义工项目，就是在秋天的时候，去帮助那些无力耙落叶的年老的邻居耙落叶。事后，我还记得我的女儿说："爸爸，帮助老年人感觉真好。"正是这样的经历使他们后来能在学校帮助同龄人。一位家长最近与我分享说，他们每个月都会在周六早上带着孩子去当地的食品储藏室帮忙。他们会准备食品盒，在下午送出去。学会助人为乐的青少年长大成人后很可能会把助人为乐作为一种生活方式。

教导青少年要有服务的态度，就是让他们做好准备，充分利用自己的天职。将自己的职业视为帮助他人的一种方式的成年人会在工作中获得更大的满足感。一些职业，如教师、医生、护士和许多其他职业显然是以服务为导向的。事实上，大多数职业都以某种方式为他人服务，但许多人认为他们的职业只是一种养家糊口的方式。如果他们有服务的态度，他们就会看到他们的工作是如何帮助他人，并且会对他们的工作有更深层次的满足感。这不仅仅是一份工作。这将是"一种召唤"或"一种使命"。

前段时间我遇到了一位在毛毯厂工作的女士。她的工作是缝制毯子顶部的下摆。日复一日，她就是这样做的。我问她是否厌倦了她的工作。她回答说："不，因为我知道我缝的每条毯子总有一天会让人感到温暖。我喜欢我的工作。"她是一位了解为他人服务的乐趣的女士。

服务青少年的态度可以从一些小举动中看出，例如帮助朋友完成学校项目，或帮助他们的祖父母更换灯泡，或自愿帮助他们在教堂或学校的青年小组开展社区服务项目。最近，看到一群中学生在清理一块堆满杂物的空地，我深受鼓舞。在我看来，父母和其他与青少年一起工作的人可以做的最有助益的事情之一就是让他们给别人提供服务。尝到为他人服务带来的满足感的青少年很可能会将这种特质带入成年期。

表扬他们所做的好事

当父母看到他们的青少年以某种形式为他人服务时，口头肯定或手写便条来表达你为他们感到自豪，可以帮助他们将为他人服务的价值内化于心。一位大学新生说："我的父母总是乐于助人。我父亲经常带我去帮助仁人家园（Habitat for Humanity）为穷人建造房屋。我想这就是我喜欢帮助别人的原因。上周末我带了一群新生朋友一起去那里帮忙盖房子。对于他们中的一些人来说，这是他们第一次做这样的事情。一位朋友说：'这比玩飞盘可有趣多了。'在这周的周间，我收到了爸爸寄来的一张卡片，告诉我他是多么为我感到自豪。"如果父母将"为他人服务"的价值等同于学术成就，那就是在教他们的孩子如何对世界产生积极的影响。我希望更多的大学生能够体验到这种快乐，而不是在自私的追求中寻求幸福。

因孩子没有坚持做家务而心烦意乱的父母可能会错失肯定他们的机会。比如有一个儿子他每天的任务就是倒垃圾。结果他错过了一天，当他后来想起来打算去倒垃圾的时候，他妈妈就说："你该倒垃圾了。我已经闻腻了这种气味。"谴责很少能激励青少年或成年人。我们为什么不说："我真的很感谢你去倒垃圾。它对我意义重大。当你每天晚上把它倒掉的时候，第二天早上我就不会闻到垃圾的味道了。谢谢！"不苛求完美的表扬会激励青少年始终如一。当不管是大还是小的服务都受到赞扬时，它往往会变得更加持久。

我相信每个青少年都应该承担家庭责任。这些应该被视为为家庭服务的方式，而不仅仅是一项工作。当父母在完成一项任务后互相感谢并向青少年表示赞赏时，这会表明为家庭服务是一种崇高的追求。在家庭中学到的服务态度将在以后输出到社区。

当青少年看到他们的父母为他人做善事时，种子就会随之播下，并且很可能会在青少年的生活中结出果实。邀请你的青少年协助你来服务他人，可以为他们留下美好的回忆，这很可能会引导他们养成服务的态度。这些年来，我观察到许多父母每年夏天都会花一周的假期去青年营会做志愿者。有些在厨房工作，有些会做辅导员或体育指导员。当我现在看到他们已长

大成人的孩子们也在那样做时就不会感到惊讶了，无论怎样强
调父母榜样的影响都不会过分。帮助我们的青少年培养服务的
态度，可以让他们在生活上获得内心深处的满足。

　　尽管我们有很多不完美之处，但我必须要说，这是我认为
卡洛琳和我做得相当不错的一个领域。我们的孩子永远不会
忘记卡洛琳承诺每天早上为家人做一顿热腾腾的早餐，并且一
直坚持，直到最后一个人离开家去上大学为止。对于卡洛琳来
说，这是特蕾莎修女级别的承诺，因为她不是早起的人。我们
力求在家庭和社区中表现出一种服务态度。正如任何心理咨询
师都会知道的，我的职业需要坚定地委身于为他人服务。我们
最大的乐趣之一就是看到我们的成年子女都过着为他人服务的
生活方式。我们也在现在上大学的两个孙子的生活中看到了这
种态度。

想想看

1. 你是否观察到你父母所具有的服务态度？如果有，它在家庭和社区中是如何表达的？

2. 回顾你自己的青少年时期，什么促使你开始养成服务的态度？

3. 作为成年人，你如何评价自己的服务态度（0—10分）？

4. 你认为你的职业是为他人服务的一种方式吗？如果是这样，这对你的工作方式有何影响？

5. 你目前正在做什么来帮助孩子培养服务态度？

6. 你观察过你的孩子服务其他家庭成员吗？还是在家庭之外做义工？如果有，你是如何回应的？你的回应对你的孩子有正面或负面的影响吗？

7. 阅读本章后，你想做哪些不同的事情？

第十章

青少年的情绪健康
极大地影响教育成功

Things I Wish I'd Know
Before My Child
Became a Teenager

在我们有孩子之前，我就知道教育的价值。我只是没有意识到情绪健康与青少年的学业成功有那么大关系。当我向许多关心孩子教育困难的父母提供咨询时，这一现实变得非常清楚。"我们知道他很聪明，但他似乎没有动力。""我们无法让他认真对待他的家庭作业。""我们希望她尽力而为，但她似乎满足于过得去。""我们的孩子在学校总是惹麻烦。就好像他就是无法与人相处，包括老师。"这些是我从父母那里听到的说法。

许多研究项目清楚地表明，在高中成绩好的学生比成绩差的或高中辍学的学生在生活中更成功。他们更有可能被大学录取并表现出色。教育上的成功会带来更好的工作、更高的薪水、更多的生活机会和更好的身体健康，以及其他优势。作为一个社会，我们知道优质教育可以减少犯罪和贫困，并增强经济稳定性、社会平等和更大的公民参与感。大多数父母都希望他们的青少年能够充分利用他们的教育机会。然而，许多青少年在学业上没有发挥他们的潜力。

当我们想到在学校表现不佳的青少年时，我们通常将其归因于吸毒和酗酒、参与帮派或其他心理健康问题。我发现问题往往源于未被满足的情感需求。在我们高度分裂的社会中，许多青少年都经历过父母的离婚。其他人则与单亲妈妈住在一起，从未认识过自己的父亲。还有一些人的父母会对他们进行口头或身体虐待，这有时会导致青少年从一个寄养家庭转移到另一个寄养家庭。我们不难理解为什么这些青少年中的许多人会有情感上被抛弃的感觉。然而那些在相当稳定的家庭中长大的孩子，似乎不也有在学业上苦苦挣扎的问题吗？我不想将注意力缺陷多动障碍（ADHD）、阅读障碍、计算障碍和其他学习障碍等问题最小化，我们有很好的一些学校正在解决这些困难。我想关注的是许多学生在学校成绩不佳背后的情感原因。当青少年的基本情感需求得不到满足时，将极大地影响他们追求教育目标的能力和动力。这些情感需求是什么？父母和其他有爱心的成年人可以如何帮助他们满足这些需求呢？

在第3章中，我们讨论了我认为青少年最有趣的基本情感需求——感受被爱的需求。这就是为什么我用整整一章来讨论这个主题。发现并定期说出青少年的主要爱语有助于父母有效地满足这种深层的情感需求。在本章中，我想重点关注青少年的其他一些基本情感需求。

归属感的需要

青少年的归属感非常强烈。正是这种情感需求促使青少年结成小团体、加入俱乐部，有时甚至被卷入破坏性的团伙。青少年想要被接纳——被别人喜欢。来自同学的网络欺凌可能会摧毁青少年。当他们视为"朋友"的人没有回复他们的在线帖子时，青少年会感到被拒绝。可以满足归属感这一需求最自然的地方就是家庭。这就是家庭的核心所在。每个人都归属于此。每个人都很重要。每个人都被接纳。这些态度是健康家庭的标志。

然而，当家庭因离婚、父母不在或施虐父母而破裂时，归属感就会消失。一位少年曾说过："我父亲说他爱我，但他离开了我们，我已经两年没见到他了。"这位少年正在与学校辅导员交谈，因为他在课堂上表现不佳。他的情感世界被震撼了，他感到自己被父亲拒绝了。如果我能对离婚的夫妇说一件事，那就是："请与孩子保持联系。他迫切需要感觉到他对你们仍然很重要，你们仍然真诚地在关心他。如果你在离婚前曾对青少年进行口头或身体上的虐待，请寻求咨询并处理你自己的问题，也请为你的破坏性行为向青少年道歉，并寻求重建爱的关系。"

父母可以做些什么来营造一个让青少年感到被需要和有归属感的家庭环境呢？显然，如上所述，一种方法是定期说出他们的主要爱语。感受到父母爱的青少年更有可能体验到归属感。另外，父母可以常常口头上强调"我们"以加强归属感。公开谈论你们对彼此的承诺。在家庭会议上，或餐桌旁问："大家都知道我们是为彼此而在一起的吗？我们可能并不总是在所有事情上都意见一致，但我们是一家人，一家人团结在一起。大家同意吗？"让孩子们用评论或问题来回应。公开讨论家庭归属感的概念以及意义，可以帮助青少年感到安全和受到重视。当然，我们的言行必须与我们所说的"一家人"吻合。

我们在第5章中讨论过的提问和倾听的社交技巧对于展示青少年的价值很重要。当我们询问他们的意见并在他们谈话时全神贯注地关注他们时，我们是在对他们说我们重视他们的想法。这会增强他们的归属感。他们会觉得自己是家庭中重要的一员。相反，当我们不让他们参与谈话时，他们会认为他们的想法对我们不重要。这并不意味着我们必须始终同意他们的想法。我们是父母，对做出我们认为最好的决定负有最终责任，但让青少年参与这个过程表明你认为他们在家庭中的角色很重要。

一家人一起做事也可以建立家庭的情感纽带。根据青少年的兴趣，烘焙和装饰蛋糕，一起进行家庭维修项目，探索当地博物馆、历史建筑或自然保护区，参加戏剧和音乐会或体育赛事，这些都是建立团结感的方式。正是对这些经历的记忆，会给青少年一种归属感，这种归属感会伴随他们长大成人。家庭归属感和被接纳感不仅会阻止青少年转向不健康的帮派，还会鼓励他们充分利用自己的生活认真学习。

自信的需要

对自己和自己的能力感觉不佳的青少年可能不会投身于学术追求。自信并不是认为或感觉自己比别人好。相反，它是对自己的身份感觉良好。自信让青少年有勇气尝试新事物，报名参加他们可能知之甚少但想了解更多的课程。他们不是为了让自己感觉良好而试图像其他人一样。相反，他们正在努力发展自己的兴趣和能力，以实现他们认为值得的目标。

青少年听到别人谈论他的信息会极大地影响自信心。我记得有一个年轻人在高中时成绩很差，但在大学里却表现出色。我纳闷："怎么突然变了？"在我们的谈话中，他透露，他有一位中学老师在他考试成绩不好后对他说："我猜你只是一个不像你姐姐那样的学生。"

这些话产生了毁灭性的影响。"我停止了尝试，"他告诉我，"如果我不是一个好学生，为什么要浪费我的时间学习呢？我喜欢篮球，所以我把自己献给了篮球。"（他在高中时是一名出色的球员。）

"但是为什么上大学后这一切都变了？"我问。

"我修了一门哲学课程并且很喜欢它。我开始学习并在课程中取得了A。我想，'也许我可以成为一名学生'，所以我开始学习。在那之后，我在余下的大学生涯中取得了不错的成绩。"

一位漫不经心的老师的一句话构成了他对自己作为学生的看法。一次积极的教育经历扭转了他对自己的看法。

鼓励的话对于帮助培养青少年的自信心极为重要。父母和其他重要的成年人有时无法理解言语的力量。谴责的话往往会传达出无能的感觉。肯定的话语会激发自信心。许多成功的成年人会说："我的父母告诉我，只要我肯努力，我可以做任何我想做的事。"该信息激励他们在学术上以及其他感兴趣的领域中尽情翱翔。自信的青少年可能会在学校和其他活动中表现出色。

父母投入时间和精力帮助青少年在他们可能追求的项目或目标中取得成功是另一种建立自信的方式。对学习烹饪或烘焙感兴趣的青少年会从花时间教他们的父母那里培养自信。父母在体育、音乐、木工、科技、绘画或青少年可能有的任何其他兴趣方面的帮助也是如此。你帮助他们取得成功的次数越多，他们的自信心就会越大。成就感培养积极的自尊，这在教育环境中对青少年很有帮助。

需要被理解

我们世界当前的文化非常混乱。一千种声音几乎传达了一千种不同的观点。青少年正试图理解这一切，并决定他们应该相信什么，在生活中做什么。在这个过程中，他们经常会在许多话题上产生与父母不同的想法。聪明的父母会听取他们的意见，而不会因为他们有这样的想法而谴责他们。父母会专心倾听，提出问题以了解青少年的想法和感受。相反，未经讨论就直接谴责青少年的想法会使青少年远离并让他们感到被误解。花时间倾听可以为进一步对话打开大门。

作为成年人，我们也希望被理解。这就是我们与朋友和家人分享想法的原因。我们是群居动物，我们通过对话建立关系。在我们的文化中，我们常常不倾听对方的声音，而是谴责那些与我们意见相左的人，用诋毁的语言谈论他们。因此青少年在社交媒体和其他地方几乎找不到对话的模式。这使得父母在同理心倾听方面的示范作用更加重要。一位大学新生说："我的父母总是会听我说，即使我有疯狂的想法。我一直觉得他们很理解我，从不谴责我。当我发现一些新信息时，他们总是向我提出挑战，要求我继续学习并接受不断变化的想法。这就是为什么教育对我如此重要的原因之一。我想继续学习。"如果父母始终敞开着沟通的大门，那么他们将对青少年的生活产生积极影响，直至大学时代及以后。当青少年感到被父母理解时，他们会更加开放地倾听父母的观点。

当然，这并不意味着我们同意他们的所有想法。这确实意味着我们尊重他们，并始终乐于倾听他们的想法和感受。我们当然会分享我们对该话题的看法以及我们持有这些看法的原因。我们可能会分享支持我们这些想法的书籍或研究。理想的情况是我们可以一起继续学习。感到被父母理解和尊重的青少年通常会与父母分享他们的教育经历。一位刚毕业的大学毕业生说："因为在关于我初中和高中的教育问题上，我父母让我也参与了讨论，所以在选择大学时我可以和他们畅所欲言。他们希望我能做出最终选择，为此我非常感激，但我也非常希望听到他们有价值的见解。"当我们寻求满足青少年对被理解的需求时，我们都希望上述的这种态度会出现。

意义和目的的需要

老实说，许多成年人仍然为此苦苦挣扎。在日常活动的表面之下，挥之不去的问题是"我有所作为吗？"在我们的文化中，我们试图将这种渴望转变为这样的问题："我玩得开心吗？我快乐吗？我喜欢我的生活吗？我擅长我的工作吗？"如果我们能对这些问题做出积极的回应，我们就会找到足够的满足感，继续我们选择的道路。否则，我们往往会陷入焦虑、抑郁、无聊和冷漠的感觉。

对于在我们的文化中长大的青少年来说，这种对意义和目的的需求与成就感息息相关。青少年只是在遵循文化规范。在我们的文化中，人们因成就而受到奖励。如果他们在田径运动中表现出色，他们就会受到称赞。他们甚至可以免费上大学，但这并不总是与良好的教育联系在一起。这种对成就的关注是吸引许多青少年玩电子游戏的原因。起初，他们与自己竞争，试图提高自己的技能。然后，他们与其他人竞争，享受每一次胜利，并为每一次失败感到难过。在电子游戏世界所取得的成就不太可能让他们免费上大学。事实上，这很可能会阻碍他们的学习之旅。

不要误会我的意思，我并不反对成就。成就感满足了对意义和目的的深层情感需求。作为父母，我们要鼓励这种追求成就的动力。然而，我希望我们能够引导这种动力走向有意义的成就感，这将有助于青少年和我们的文化。我们知道，有些青少年被拉入帮派后，在团伙中不断努力，最终在他们很年轻的时候就学会了贩毒的各种技能。他们有一种"成就感"，但这最终对他们或社会没有任何帮助。

父母越早帮助孩子追求有价值的目标，青少年的成就就越有可能是有益处的。如果我们相信教育成就会推动青少年走向富有成效的未来，那么我们就会尽我们所能来激发青少年对学习的兴趣。理想情况下，这一旅程始于父母的亲子阅读，在孩子可以自主阅读之前就开始。随着孩子年龄的增长，家长会在孩子的日程表中设定"阅读时间"。因此，阅读成为孩子生活中不可或缺的一部分。教育工作者一致认为，阅读是获得良好教育的最基本技能。一些家长未能做到培养孩子有这种兴趣和技能，而是选择让孩子无休止地盯着屏幕看。同样，教育工作者知道，一个完全"屏幕驱动的孩子"不太可能在求学旅程中发挥他们的潜力。

如果作为父母，你意识到你的孩子对阅读没有兴趣，而是每天花大量时间在屏幕上怎么办？我建议你与一位可以为你孩子这个年龄的青少年推荐好书的老师交谈。然后，让孩子知道你为没有让他们接触到好书而让他们失望了。向他们道歉，并请求他们原谅你。然后根据他们的时间安排，帮助他们探索非必读读物的世界。请记住，当今的许多青少年都被安排得很紧，相信你不希望这也成为另一件苦差事。让他们看到你在空闲的时间读书，而不是滑动手机或狂看电视。找个时间带他们去一家不错的独立书店，也别忘了当地的公共图书馆。

我们知道青少年会有不同的兴趣领域，而且往往非常热情。如果他们喜欢音乐，就给他们找伟大音乐家的传记。如果他们有体育头脑，就给他们一些成功运动员的传记。如果他们对医学感兴趣，让他们阅读那些走过那段旅程之人的人生故事。向他们介绍反映和探索你家族或民族传统的书籍和作者。如果他们更喜欢科幻小说和奇幻小说，请帮助他们发现那个世界的奇妙。

　　对意义和目的的需求远比简单地实现个人目标要深刻得多。但对于青少年来说，这是一个很好的起点。在下一章中，我们将讨论生活的精神层面，这也谈到了对意义和目的的需求。

　　在某种程度上，我们已经讨论过的情感需求本章已论述清楚，就此而言，我们正在为我们的青少年做好教育成功的准备。多年来，令我惊讶的是，有多少家长未能看到满足情感需求与教育成功之间的关系。我希望本章能帮助许多父母建立这种联系。

想想看

1. 评估自己的青少年时期。在 0—10 的范围内，评价以下
   情感需求在你的生活中得到满足的程度。

   · 需要被爱

   · 归属感的需要

   · 自信的需要

   · 需要被理解

   · 意义和目的的需要

2. 当你回顾过去时，你希望你的父母做哪些不同的事情？
   你欣赏你父母的什么？

3. 根据以上第一点中提到的几个方面，用同样的方法，评
   估你的青少年。

4. 你是否愿意让你的孩子评价自己在生活中这些情感需求
   得到满足的程度？

5. 如果你们中的任何一个认为这些领域中的任何一个都有
   改进的余地，请再次阅读为满足这些情感需求而提出的
   建议，并确定其中哪一个可能最有帮助。

6. 你认为你的孩子是否有望获得有意义的教育？你可能会
   采取哪些进一步的措施来增强这种可能性？

第十一章

如何为青少年提供心灵指导

Things I Wish I'd Know
Before My Child
Became a Teenager

每个人在一定程度上都是寻求精神生活的。在我的求学之旅中，我完成了人类学（世界文化研究）的本科和研究生学位。毫无例外，人类文化都相信精神世界。这些信仰的本质因文化而异，但它们存在的事实揭示了人类的精神本质。

世界上有许多信仰，但它们不可能都是真实的，原因很简单：有些信仰经常相互矛盾。在我们的文化中，青少年会接触到许多不同的文化传统。他们需要父母的指导，去帮助他们过滤掉许多需要他们献身的声音。采取"放手"方式并且不讨论宗教信仰的父母让他们的孩子受到同龄人或其他试图影响他们的成年人的影响，一些青少年最终加入了歪曲现实的邪教团体，选择了一些将会带来不幸的生活方式。

跟孩子一起探索

对于自己的信仰不满意的父母来说，这似乎是一项艰巨的任务。一位家长问道："我该如何帮助我的孩子？"另一位家长说："我不确定我是否希望我的孩子像我一样。我需要自己先想清楚。"当谈到我们对精神生活的看法时，我们所有人都受到了某个人的影响。作为成年人，我们还没有老到可以审视或重新审视自己的旅程，并探索在此过程中找到一些人所说的"灵魂安息"的可能性。

希望我们的青少年有机会和我们讨论自己的信仰。最终，青少年必须决定他们相信什么以及他们将如何生活。对人生和世界的基本信念肯定会影响他们生活的方方面面。我相信父母可以在引导青少年方面发挥重要的作用，使他们做出明智的决定。

这个过程会从父母探索他们自己信念的基础开始。我们中的大多数人成年后都有一些基本信念，这些信念是我们在童年或青年时期从父母或其他重要人物那里学到的。当我们成为父母时，我们会问："我想让我的孩子与我有共同的信仰吗？"如果我们不确定，那么是时候来探讨我们信仰的根基了。

在一个多元文化的社会中，你的孩子可能会接触到在各种信仰传统（或没有传统）中长大的朋友。我强烈鼓励父母教导他们的青少年尊重他人的信仰。我还建议父母让他们的青少年接触其他基本信仰，这样他们就可以与不同信仰的朋友进行明智的交谈。

想想看

1. 你觉得你在为孩子提供价值观的指导方面的准备如何？你可以做些什么来让自己在这方面更胜任？

2. 当你的青少年还是个孩子的时候，你是否试图与他们分享你的人生观和价值观？回顾过去，有什么事是你希望可以重新再来的？

3. 你是否意识到你的青少年需要心灵指导？如果是这样，你正在做什么来帮助他们？

第十二章

父母的榜样比他们的话更重要

Things I Wish I'd Know
Before My Child
Became a Teenager

在这本书中，我一直专注于父母需要了解他们青少年的情感、智力、社交和精神需求的真实情况。我的目标是与父母分享我希望在我们的孩子成为青少年之前就知道的事情。如果你读到这里，你就会知道我已经给出了关于如何有效满足这些需求的实用建议。在大多数章节中，我都提到了父母榜样的重要性。在这一章当中我想专注于榜样的力量。

在我们有青少年之前，我很清楚作为父母，我有责任在前面章节中提到的许多方面教导和训练他们。但我没有意识到的是，我的生活方式会比我的话产生更大的影响。这个现实并不是为了缩小教学和培训的价值，而是为了放大我作为榜样的价值。我越实践自己所教的内容，青少年就越可能会倾听并应用我所教的内容。当青少年发现我所教的与我的生活方式之间存在差距时，他们可能会对我所说的话掉以轻心。因此，言教不如身教。

古语有云："有其母必有其女。有其父必有其子。"不知道这句话出自哪里，但我在为父母和青少年提供咨询时观察到此言不虚。一个酗酒的父亲往往有一个酗酒的儿子。一个有控制欲的母亲通常会教出同样的女儿。一个虐待妻子和孩子的父亲，往往有一个会虐待别人的儿子。心理咨询师们一般都知道那些遭受虐待的人，会经常虐待别人。

当然，这并不意味着我们必须重复父母的模式。不！在适当的帮助下，青少年可以从反面例子中学习。这是每一位辅导员所期望的结果。我们并不是必然会重蹈父母的覆辙的，但他们的榜样对我们影响很大。这就是为什么对于那些在不太理想的环境中长大的青少年而言，学校辅导员和其他辅导员的作用如此重要的原因了。

真正希望为青少年提供发挥其人生潜能的最佳机会的父母必须努力身体力行。对青少年说，"照我说的做，而不是按我做的做"可能会让你有一种"说了算"的感觉，但这并不能培养青少年的品格。你的所作所为是如此响亮，他们根本听不见你说了什么。然而当你的行为反映了你所教导的东西时，你的言语就会加深青少年对你所说东西的理解。

我曾经问过自己最发人深省的问题之一是："如果我的孩子变得和我一样怎么办？"当他们还是孩子的时候，我没有问过这个问题。我在他们十几岁的时候问过，我开始在他们身上看到了一些我在自己身上看到的特征；有些是积极的，有些则不那么积极。对这个问题的清醒认识，帮助我改变了我的生活，其中一些我已经在本书中作了分享。

我邀请你勇敢地问自己以下这些问题，我的孩子长大后会怎样：

- 以我处理愤怒的方式处理愤怒？
- 像对待我的配偶一样对待他们的配偶？像我开车一样开车？
- 和我一样有职业道德吗？
- 以我与他人交谈的方式与他人交谈？像我一样谈论与他们"不同"的人？
- 像我一样对酒精或毒品做出反应？
- 以我处理我的钱的方式处理他们的钱？像对待我的姻亲那样对待他们的姻亲？
- 以我对待他们的方式对待他们的青少年？
- 当他们不友善时以我道歉的方式道歉？
- 以我原谅别人的方式原谅那些向他们道歉的人？

你可能想添加一些你自己的问题。

好吧，这是一个非常严峻的挑战，但我提出这个挑战是因为我希望你能比我更早地提出这些问题。你不必等到看到你的青少年模仿你的行为后才自问。稍微反思一下，你就可以确定在你的生活方式中哪些地方需要改变。我们教导我们的青少年要善良、礼貌、耐心、宽容、谦虚、慷慨和诚实。因此，让我们努力在自己的生活中展现这些品质。

在我十几岁的时候，我的父母教给我许多健康的生活原则。以下是其中的一些：

· 永远信守诺言。

· 认识到每个人都是重要的，并善待尊重他们。

· 请记住，生活与名利或金钱无关，而是与使用你的能力来帮助别人相关。

· 以你希望被对待的方式对待他人。

· 永远说实话

· 永远不要忘记，你做出的每一个决定都会产生后果。当你做错或伤害了某人时，请务必道歉。

为什么我成年后会记住这些原则？不是因为我的父母经常重复这些话，而是因为我看到这些话在他们的生活中得到了体现。在这本书中，我分享了十一件我希望在我们有青少年之前就知道的事情。其中大部分是我们教给青少年的东西。也就是说，我们通过言行来努力帮助他们学习成功生活所必需的技能、态度和行为。我在最后一章中强调的是身体力行的重要性。

想想看

1. 你的父母在你十几岁的时候教给你的一些原则是什么？他们在自己的生活中如何很好地展示了这些原则？

2. 当你考虑如何能更好地起到榜样的作用，以至于孩子能够学习时，你是否愿意向自己提出在本章中我们所列的严肃问题？我的孩子长大后会怎样：

   · 以我处理愤怒的方式处理愤怒？

   · 像对待我的配偶一样对待他们的配偶？

   · 像我一样开车？

   · 有和我一样的职业道德吗？

   · 以我与他人交谈的方式与他人交谈？

   · 以我谈论他人的方式谈论与我不同的人？

   · 以我处理冲突的方式处理冲突？

   · 用我对待姻亲的方式对待他们的姻亲？

   · 用我对待青少年的方式对待他们？

   · 当他们不友善时，以我道歉的方式道歉？

   · 以我原谅别人的方式原谅那些向他们道歉的人？

   · 以我处理钱的方式一样处理他们的钱？

   · 像我一样对毒品或酒精做出坚决否定的反应？

3. 你希望在哪些方面做出改变？你想先关注哪一个？本星期你会采取什么步骤？

4. 考虑问你的孩子这个问题："如果你能改变我的一件事，让我成为更好的父母，你希望看到什么改变？"他们的回答可能会帮助你专注于对青少年进行有意义的改变。你问这个问题本身就表现出你对成长持开放态度，我们希望这也会成为你的青少年的态度。

结 语

多年来，我投入了大量精力帮助未婚夫妻。我相信，如果新人在筹备婚姻上花费的时间与他们在筹备婚礼上花费的时间一样多，他们的婚姻就会更好。我相信在育儿方面，同样的原则也是正确的。如果夫妻在准备生育方面花费的时间与他们在准备分娩时花费的时间一样多，那么他们可能会成为更好的父母。大多数夫妇在生孩子之前不会阅读有关育儿的书籍或参加有关该主题的课程。同样，大多数父母在孩子成为青少年之前不会读一本相关书籍或参加有关养育青少年的课程。

如果你在你的孩子进入青少年时期之前读过这本书，那么你就是少数知道为一项任务做准备会使任务变得容易得多的人。如果你正在阅读这本书，同时正在养育一个十几岁的孩子，那么你就成了大多数人中的一员，因为大多数人都会等到轮子发出吱吱声，然后再去加油。无论你是多数还是少数，我都希望你发现这本书对你有所帮助。只要你的孩子还在家里，改善你的养育方式永远不会太晚。

第一步通常是找出我们的失败并真诚地向我们的孩子道歉。一位父亲说："当我愿意对我十几岁的儿子说'我一直在反思我的生活，我意识到我在很多方面都辜负了你’时，我与儿子的关系向前迈进了一大步。事实上，当我分享我的失败并请求原谅时，我儿子不仅原谅了我，而且也承认了一些他的失败。这对我俩来说都是一种情感上的解放。"这位父亲展示了当父母为自己的失败承担责任时所产生的强大治愈作用。道歉和饶恕打开了做出积极改变的大门，从而建立了健康的亲子关系。

正如有人曾经说过的那样，"关于未来最美好的事情就是它是一天一天到来的。"当我们每天对我们的生活方式以及与青少年的关系做出或大或小的改变时，我们将充分利用我们的未来。青少年就像粘土，愿意接受真正爱他们的父母的塑造。最重要的是我在本书中所说的一切，没有什么比满足青少年对爱的需要更重要的了。如果你还没有发现孩子的主要爱语，让我鼓励你这样做并定期说出来。感受到爱的青少年对父母的话语更加开放。

如果你的青少年正在与严重的情感、精神或行为问题作斗争，我会敦促你寻求专业帮助。如果他们是在学校遇到这些问题，可以先找学校辅导员。

养育青少年并不容易，但它可以是非常有益的。当你看到他们在青少年时期及之后发展出自己的潜力时，你就会从满足的源泉中畅饮。卡罗琳和我看到我们的成年子女如何用生命经

营着他们的婚姻，以及他们如何将他们的职业生涯投资于帮助
他人上时，我们感到非常高兴。而且，是的，我们非常高兴看
到我们上大学的孙子们也充分利用着他们的教育机会。为此，
我们万分感激。我们希望所有青少年的父母都一样怀有这样的
喜悦。

　　我希望这本书对你会有所帮助。如果是这样，请推荐给正
面临着青少年育儿挑战的朋友吧。

　　　　　　　　　　　　　　　　　　　盖瑞·查普曼

致 谢

我要感谢所有坐在我办公室里并分享他们与青少年之间的挣扎的父母。他们的坦诚和我们之间的讨论极大地帮助我了解了目前抚养青少年的挑战。我也感谢那些分享了他们内心中的挣扎的青少年。

一如既往，我很感谢我的妻子卡洛琳，她是我手稿的第一位编辑。诺斯菲尔德出版公司（The Northfield Publishing team），就像我所有的书一样在我出版这本书的过程中，提供他们的大力支持。在此，我要特别感谢贝西·纽恩赫斯（Betsey Newenhuyse），感谢她提出的所有编辑建议。约翰·欣克利（John Hinkley）也不断地鼓励我并提供咨询服务，对此我深表感谢。

我自己的孩子雪莱（Shelley）和德里克（Derek）也曾是青少年，他们帮助我回忆了自己的青少年时期的心路历程。我的孙子艾略特（Elliott）和孙女德芙·格蕾丝（Davy Grace）也有助于我了解当前的青少年世界。